中公新書 2836

瀧野みゆき著

使うための英語
——ELF（世界の共通語）として学ぶ

中央公論新社刊

はじめに

　英語の勉強法について相談されることがよくある。その際、私はまず、「なぜ英語を勉強したいのか」を、くわしく聞く。すると、多くの人は次のように言う。

　　本当は単に「英語の勉強」をしたいのではなく、英語を使って何かをやりたい。**使うために、英語を学びたい**。

　英語を使って何をしたいか、明確な人もいれば、模索中の人もいる。しかし、日本語の枠を超えて何かをやりたいという思いは共通している。英語が世界とつながり、世界に出ていくための「世界の共通語」だから、英語を学びたいのだ。
　こうした人々が、できるだけすぐ、効果的に英語を使うのに役立ててほしくて、本書を書いた。

「共通語としての英語」とは
　英語を使えるようになりたいとき、何から始めるといいだろうか。まず中学・高校で学んだ基礎文法を復習するか。それとも、TOEICなどの英語の試験を目標にして試験勉強で実力をつけようか。しかし、これでは学校英語の延長だし、英語を使ってやりたいことを実現するのに時間がかかりそうだ。もっと、すぐに英語を使いはじめる方法はない

のだろうか。

　そもそも、英語は「世界の共通語だから重要だ」と散々聞いてきたが、「世界の共通語」とは具体的にはどういうことなのだろうか。学校で学んできた英語とは何か違うのだろうか。そして、英語が「世界の共通語」だとすれば、どうして自分はこれほど苦労しているのだろう。世界中の人々も同じような苦労をしているのだろうか。

　私も、こんな疑問を考えながら、長年英語を使ってきた。その答えを探しているうちに社会言語学者になり、今は大学で英語を教えている。この経験を通じて、ELF（English as a Lingua Franca＝エルフ）という考え方が、日本で英語を学び、使いたい人々に、新しい視点とより効果的な学習法を提案できると信じるようになった。ELFとは、英語を「世界の共通語」として捉え直す社会言語学の概念である。

　大学でも、以下の「ELF発想」を取り入れて教えている。

①**目的志向**：英語でやりたいことを具体的にイメージする
②**必要順と割り切る**：自分が「必要な英語、使いたい英語」に焦点を絞る
③**使いながら学ぶ**：今ある英語力を最大限に活用し、不足部分は学び加えていく
④**マルチリンガルの力を活かす**：英語力だけでなく、日本語力も活用する
⑤**相手を考える**：自分の英語が相手にどう伝わるか、世界の多様な文化に配慮する

　本書では、このELFの新しい英語観と、ELF発想の英語

学習法を詳しく紹介する。

英語を使いながら学ぶ

「ELF発想」は、世界中の英語ユーザーが英語をどう使っているかを理解し、その現実から学ぶことを意味する。これは、英語はこうあるべきだという「建前」ではなく、日々のコミュニケーションで英語を使うノンネイティブの「実践知」に学ぶ、ノンネイティブならではの学び方とも言える。

たとえば、「使いながら学ぶ」がその一例だ。私は、英語を使って仕事で活躍している200人近くに「私の英語史」を聞き、彼らが直面した課題には何があり、それにどう対応し、どう英語力を伸ばしてきたかを研究してきた。そして、多くの人から、「習うより慣れろ」「できることからやれ」「完璧な英語などない」と言われた。

日本の先端技術の専門家がとくに印象に残っている。彼は、長年、世界中のエンジニアたちと英語を使って仕事をしてきた。英語は嫌いではなかったが、仕事で使うとは思っていなかった。しかし、20代後半で突然、台湾の国際プロジェクトに入り、世界各地から集まったエンジニアたちと英語で仕事をすることになった。最初は彼の英語はぼろぼろだったが、無我夢中で英語を使っているうちに、なんとかなるぞと自信がついてきた。

2年後に帰国すると、社内では「国際経験あり」と評価され、次々と国際プロジェクトに呼ばれ、その後数十年、海外のプロジェクトに携わり続けた。部下によれば、勝負どころでの彼の英語の交渉力はすごくて圧倒されるそうだ。

彼は、「大舞台の重要なプレゼンはあえて若手のエンジニアに任せるようにしている」と言った上で、こう話してくれた。

　英語は使わなければ上達しない。使う経験の中でうまくなる。プールサイドでずっと練習していても泳げるようにはならない。まずは水に入り、もがきながら学んでうまくなる。だから、プールに突き落とすつもりで若手に現場で英語を使わせる。日本人はみんな学校で英語を勉強しているから、知識はある。あとは知識の錆を落として使う練習だ。使いながら、失敗に学びつつ、小さな成功を積み重ねると、ぐんぐんうまくなる。そして1年もすると、独り立ちして英語を使っている。

多くのビジネスパーソンが、英語で悪戦苦闘しているうちに、学校で学んだ英語が「自分のコミュニケーションの道具に変わった」瞬間があったと振り返る。今は世界で活躍するノンネイティブのビジネスパーソンも、多くは失敗しながら英語を使う時期を一度は通り、工夫を重ねて英語力を伸ばしてきたのだ。このような、使いながら学ぶ「経験学習」は、学びの王道である。とくに大人の生涯学習では、「経験学習」の重要性を膨大な科学的研究が立証している。だから、私は「使いながら学ぶ」を、英語を教える際の柱にしている。

好きなことから始める
　ここまで読んだ読者の中には、こう思う人がいるかもし

れない。「『使いながら学ぶ』のが効果的なのはわかった。でも、自分の今の仕事は英語とは縁がないし、周りに英語を話す相手もいない。プールに飛び込もうにも、英語のプールがない。どうすればいいのか」。

「英語を使う機会がない」ことが、長い間、日本の多くの人が英語を苦手とする理由と言われてきた。国内にいる限り、「今」は英語を使わないが、ある日突然、海外旅行や仕事で急に英語が必要になる。大学でも、今すぐには英語を使う具体的イメージは湧かないが、いつか英語を使いたいと考える学生に多く出会う。この予測できない「未来の英語を使う日」に向けて、ひとりでコツコツと英語を勉強し続けるのは、苦しい。

この漠然とした英語への興味を、今日英語を学ぶ意欲にどう、つなげるか、これは多くの日本人が抱える悩みである。

この課題への最善の取り組みは、まず英語を「自分事」にすることだ。ぼんやりとつかみどころがない英語への関心を、「自分にとって一番大切なこと、気になること」に結びつける。

自分の好きなこと、つまり、日本語でワクワク楽しく話していることについて、英語で話す練習をしてみる。自分の興味のあること、つまり、日本語でならぜひ知りたいテーマについて英語で検索し、英語の動画や記事を理解しようとしてみる。自分の興味や好奇心を活かして英語を使いはじめ、使いながら英語力を伸ばす。

英語で自分の好きなことをするのが上達の秘訣とは、すでに聞いたことがあるかもしれない。しかし本当の意味で、

この方法がすべての人の英語学習で可能になったのは、最近のことだ。もちろん、これはインターネットとテクノロジーの驚くべき発展のおかげである。

世界のインターネット上の情報発信の約50%が英語で行われ、対して日本語は5%だと推計されている[1]。誰にでも飛び込める、広大な「英語のコンテンツの海」が、目の前に広がっている。この英語コンテンツの海では、ネイティブやノンネイティブの区別もなく、誰もが泳げる。この膨大な英語コンテンツの魅力は、説明が不要だろう。しかし、広くて深すぎて、どう始めたらいいかわからない。

本書では、このインターネットの「英語のコンテンツの海」にそろそろと入り、泳ぎはじめる方法も紹介する。

自分の好奇心をきっかけに英語を使いはじめ、英語力を伸ばしてきた英語ユーザーに数多く出会ってきた。最初は好奇心で英語を使いはじめた人々も、使っているうちに英語が上達していく。英語の世界に飛び込み、英語の情報に触れているうちに、英語を使う新しいチャンスに出会う。英語力を伸ばす中で、英語の世界が身近になっていく。

英語を使った仕事に興味をもち、仕事に関する好奇心を探求しながら英語を使っているうちに、面白い仕事の情報に出会うこともある。

本書では、こうした英語学習法の具体的な作戦を、誰にでもできるやさしいことから、順を追って案内する。

本書の構成

「英語を使いながら、英語力を伸ばす」ことが可能になったのは、英語が世界の共通語、ELFになったからである。

だから、序章では、学術的な用語を避け、ELFについて世界的な視点から俯瞰する。第1章では、ELFとして英語を使う個人の視点から、ELFの「5つの特徴」と、効果的な学び方の指針になる「5つの作戦」を紹介する。

続く4つの章では、ELF発想を取り入れた、英語の学習法を提案する。この学習法は、始めやすく、重要度の高いスキルから順に構成した。各章では、下図のようにテーマを設け、具体的な方法を詳しく説明している。

序　章	ELF：グローバル時代の共通語としての英語	
第1章	ELF 5つの特徴・5つの作戦	
第2章	音に浸る	➡ 発音・リスニング
第3章	自分のニーズ	➡ スピーキング・語彙
第4章	相手を考える	➡ 会議・メール
第5章	テクノロジーを活用	➡ リーディング・文法
第6章	その先・自分の英語のオーナーに	

図1　本書の構成

もし、すぐに具体的な学習法を知りたければ、第2章から読みはじめることもできる。ただ、なぜこの学習法がいいのだろうと思ったら、ぜひ序章と第1章を読んでほしい。

前書きが長くなった。さあ、ELFを紹介する序章に進もう。

Contents

はじめに ……………………………………………………………… i
  「共通語としての英語」とは ……………………………………… i
  英語を使いながら学ぶ ……………………………………………… iii
  好きなことから始める ……………………………………………… iv
  本書の構成 …………………………………………………………… vi

序章 ELFを概観する … 1

  ELF（エルフ）とは ………………………………………………… 1
  グローバル社会の変化と英語 ……………………………………… 1
  ネイティブとノンネイティブ ……………………………………… 3
  英語ユーザーとELFユーザー ……………………………………… 5
  英語の世界への広がり ……………………………………………… 6
  英語教授法の発展 …………………………………………………… 7
  ELFの考え方の誕生 ………………………………………………… 8
  ELFの考え方 ………………………………………………………… 9
  仕事のための共通語としての英語 ………………………………… 10
  言語学における言語観の変化 ……………………………………… 10
  世界の英語たち ……………………………………………………… 11
  マルチコンピタンス ………………………………………………… 12
  複合的な言語力 ……………………………………………………… 14
  「言葉のレパートリー」 ……………………………………………… 16
  ELFについての誤解 ………………………………………………… 17

第1章　ELFユーザーとして、ELF発想を考える ... 21

1.1 ELFの現場とELFユーザーたち ... 21

突然英語を使うことになった大仏さん
——日系企業で働く① ... 22

現地スタッフとのコミュニケーションが課題の星野さん
——日系企業で働く② ... 24

外資に転職して幹部候補を目指す米田さん
——外資系企業で働く① ... 26

米田さんの悩み ... 27

海外の本社で研修する池端さん——外資系企業で働く② ... 28

池端さんの準備 ... 29

イタリアの国際コンペで英語デビューする伊丹さん
——個人として英語を使う① ... 29

伊丹さんがやりたいこと ... 31

英語のボランティアガイドに登録した東さん
——個人として英語を使う② ... 31

東さんが伸ばしたい英語力 ... 32

1.2 ELFの現場の5つの特徴 ... 33

特徴1・目的をかなえるための英語 ... 33

特徴2・多様な相手と多様な英語 ... 35

特徴3・多言語と多文化が織り込まれた英語 ... 36

特徴4・偶発的で、流動的で、柔軟な英語 ... 39

特徴5・不平等で不条理な英語 ... 41

1.3 ELF発想の英語力をつける5つの「作戦」 ... 45

作戦1・どう英語を使うか、具体的にイメージする ... 46

作戦2・必要順で学び、完璧を求めないと割り切る ... 47

作戦3・怖がらずに英語を使い、必要なスキルは足す ... 49

英語を使う不安 ... 49

使う経験から学ぶ ……………………………………… 50
　　作戦 4・マルチリンガルの複合的な力を総動員する ……… 52
　　英語脳は存在するか ……………………………………… 56
　　作戦 5・どう伝わるか、相手の文化を考える ……… 58
　　コミュニケーションの文化 ……………………………… 59
　　出身国のステレオタイプ ………………………………… 60
　　ELF と文化 ………………………………………………… 63

第 2 章　音に浸る——英語の学び方 1 ……………… 67

2.1 伝わる発音 …………………………………………… 67
　　発音練習は「聴き音読」で ……………………………… 68
　　素材の重要性 ……………………………………………… 69
　　演説の勧め ………………………………………………… 69
　　ジョブズの演説 …………………………………………… 70
　　名言の勧め ………………………………………………… 72
　　アインシュタインの名言 ………………………………… 73
　　アインシュタインの YouTube 紹介 …………………… 74
　　カーネギーの名言 ………………………………………… 77
　　その他の名言音読 ………………………………………… 79
　　さまざまな発音練習素材 ………………………………… 80
　　発音の考え方 ……………………………………………… 80
　　英語の発音の目標と上達マップ ………………………… 82
　　Step 2 の考え方 …………………………………………… 87
　　Step 3 の考え方 …………………………………………… 90
　　感情を込める ……………………………………………… 92
　　音読練習の順番 …………………………………………… 93

2.2 リスニング力を磨く ······ 95
リスニング力の伸ばし方 ······ 95
多聴と虫食いリスニング ······ 96
リスニング素材としての、動画の勧め ······ 97
素材の動画の「なかみ」······ 98
TED-Edで多聴リスニングをする ······ 99
動画を使ったリスニング練習法 ······ 101
TED-Edの動画学習を拡張する ······ 103
動画のリスニングをアウトプットにつなげる ······ 103
日常的に英語の動画を視聴する ······ 105
リスニングの練習に勧めるその他の素材 ······ 105
英語の霧の向こう ······ 108

第3章 自分のニーズから学ぶ
── 英語の学び方2 ······ 111

3.1 スピーキング──自分の必要を言えるようになる ······ 111
伝えたい内容を優先する ······ 111
重要な「話題」を話すことに自信をもつ ······ 113
ブロックで考える ······ 114
ミニプレゼンのイメージで ······ 115
プレゼンの型 ······ 116
プレゼンの型の構成 ······ 117
Bodyの構成はまず3つ ······ 118
トピックの構成を決める ······ 119
トピックの型を使う ······ 120
英語スピーキングの作り方 ······ 122
ミニプレゼンの仕上げ ······ 124
具体的なスピーキングの例 ······ 125

Bodyを作る ………………………………………… 126
　単語や表現の扱い ………………………………… 128
　Introduction と Conclusion ……………………… 128
　練習の方法 ………………………………………… 129
　面白さと具体性を付け加える …………………… 130
　流暢さを目指す …………………………………… 131
　練習方法の紹介 …………………………………… 132
　自己紹介 …………………………………………… 133
　種まきの自己紹介 ………………………………… 134
　益子町を紹介するやさしいスピーキングの例 … 135

3.2 語彙を必要順で集中して磨く 137
　語彙のストレス …………………………………… 137
　試験だから数になる ……………………………… 138
　ELFユーザーの語彙との付き合い方 …………… 139
　必要な語彙をどう定義するか …………………… 140
　専門用語 …………………………………………… 141
　現場の経験知の活用 ……………………………… 141
　自分だけの専門用語集を作る …………………… 141
　語彙の基本的な考え方 …………………………… 143
　「知っている」単語、「使える」単語 …………… 144
　「集中法」と「出会い法」 ………………………… 144
　単語を覚えるコツ ………………………………… 146
　必要順が高そうな語彙との出会い方 …………… 148
　語彙の調べ方 ……………………………………… 149
　英英辞典の勧め …………………………………… 150
　アウトプットの語彙 ……………………………… 152
　類義語辞典・Thesaurusの勧め ………………… 153
　Collocation辞典 …………………………………… 156
　画像やイメージの活用 …………………………… 157

第4章 「相手に伝わる」を考える
——英語の学び方3 ……161

文化の違いを考える英語 ……161

4.1 英語ミーティングへの参加 ……163
英語ミーティングの難しさ ……163
ミーティングに参加するとは ……164
ミーティングの課題を分解する ……165
英語が聴き取れない問題 ……166
ELFとミーティング ……169
英語について、謝らない ……170
意見をまとめて、英語で言う ……172
前の意見に肯定的にコメントする ……174
理由と根拠を述べる ……175
相手の気持ちを考える ……176
英語の礼儀正しい表現 ……177
発言のきっかけをつかむ ……180
雑談の準備 ……180
どんな文化をイメージするか ……181

4.2 伝わるメール ……183
短くてわかりやすいメール ……183
わかりやすいメールの書き方 ……184
英語メールの具体例　催促をする ……187
英語メールの書き方のまとめ ……194
英語メールの表現の探し方 ……196
AIを使ってメールを書く ……196
生成AIを使ってメールを書く方法 ……198
AIの翻訳機能を使ってメールを書く方法 ……200

第5章 テクノロジーを活用する
――英語の学び方 4 ・・・203

- テクノロジーと英語 ・・・203
- 個人の視点から考えるテクノロジー ・・・205
- テクノロジーを使うリスク ・・・206

5.1 英語のリーディング力 ・・・209

- 多読の目標 ・・・210
- 英語のリーディングが難しい理由 ・・・211
- ニュースを読む ・・・211
- Pop-up Dictionary ・・・212
- 英語の読み上げ機能 ・・・214
- 読む記事を選ぶ ・・・216
- 検索をして英語を読む ・・・217
- 生成AIとの対話による英語リーディング ・・・219
- 生成AIとの対話で質問する ・・・222
- ゆるく定義して目標達成を目指す ・・・225

5.2 AIと学んで、文法力を伸ばす ・・・225

- 文法は使いながら強化する ・・・226
- 本書の文法学習法はどんな人に役立つか ・・・226
- 文法の考え方 ・・・227
- 意味は通じる ・・・227
- 教室英語とのギャップ ・・・229
- ちょっとした故障は直せばいい ・・・230
- 文法は覚えるだけでは使えない ・・・231
- 「知っている」と「使える」は別 ・・・232
- AIを使う文法の運用力の伸ばし方 ・・・233
- スピーキングの文法の運用力の伸ばし方 ・・・235
- AIを活用するスピーキング練習法 ・・・236

文法も個人によって柔軟に ……………………………………… 238
テクノロジーと英語の未来 ……………………………………… 239
自立するノンネイティブ英語ユーザー ………………………… 240

第6章　その先に
——自分に合った英語を目指す …………… 243

英語を学び続けたい、伊丹さん ………………………………… 244
専門性を活かした英語の勉強 …………………………………… 244
話す力を伸ばしたい、東さん …………………………………… 248
オンライン英会話の勧め ………………………………………… 248
オンライン英会話の応用方法 …………………………………… 249
スピーキングが上達する3段練習法 …………………………… 251
英語を避け気味の、星野さん …………………………………… 251
オープンマインドになる ………………………………………… 252
英語にオープンマインドになる方法 …………………………… 254
より深く英語で話したい、大仏さん …………………………… 255
仕事に直結するリスニング力の伸ばし方 ……………………… 256
仕事の英語を学びたい、米田さん ……………………………… 260
英語で仕事を学ぶ——Courseraの勧め ………………………… 260
Courseraのコースの選び方 ……………………………………… 263
英語で仕事をする、質と効率をあげたい、池端さん ………… 264
英語コミュニケーションのスピードと質 ……………………… 266
「自分の英語」のオーナーになる ……………………………… 267

あとがき ……………………………………………………………… 270

注 …………………………………………………………………… 272

参考文献 …………………………………………………………… 274

DTP・作図　市川真樹子

序章 ELFを概観する

ELF（エルフ）とは

序章では、ELFの全体像を探っていこう。まず、英語が歴史を通じて大きく変化し、グローバル化が進む中で言語学の本質的な考え方も変わってきたことを振り返る。この実社会の英語の変化を研究した成果から、新たな英語観であるELFの考え方が生まれた。本章でELFの考え方を概観した後、第1章では英語を使う個人の立場からELFの特徴や学び方の作戦を掘り下げて考え、第2章から第5章ではELF発想に基づく英語の勉強法を具体的に説明する。

グローバル社会の変化と英語

なぜ英語が世界の共通語とよばれるのか、その理由を考えてみよう。世界で一番話す人が多い言葉だからだろうか。

確かに、英語学者のクリスタルは2019年に、世界の約3分の1、つまり23億人がある程度英語を使えると推定している[1]。一方、世界の言語を調査しているエスノローグは2022年に、より保守的に推定し、英語使用者を世界人口の18%、約14.5億人としている。この調査では、英語話者は図2に示すように、中国語話者を3億人上回り、日本語話者の約12倍に達する。

これら2つの調査には差異があるが、共通しているのは、

英語を母語とするネイティブスピーカーが英語話者全体の中で圧倒的な少数派であるという点だ。エスノローグの調査に基づく図3では、英語話者のうちネイティブスピーカーは約4分の1に過ぎない。つまり、英語が世界の共通語として広く使われているのは、英語を母語としないノンネイティブスピーカーが非常に多いからである。

実際、今や世界のあちらこちらで、ノンネイティブ同士

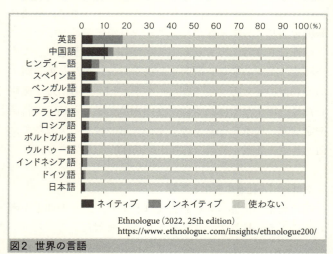

図2 世界の言語

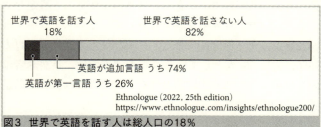

図3 世界で英語を話す人は総人口の18%

が英語でコミュニケーションをしている。たとえば、ヨーロッパのある空港で、日本人と中国人と韓国人が偶然出会ったとする。この3人の母語には共通点が多いが、全員が日本語、中国語、韓国語のどれかを話せる可能性は低い。一方、この3国では英語は学校教育の主要教科だから、3人はなんらかのレベルで英語を使えるだろう。こうして、英語は異なる母語をもつ人々を結ぶ共通語として機能する。この共通語としての役割を果たす英語を、ELF、つまりEnglish as a Lingua Francaとよぶ。

ネイティブとノンネイティブ

　ここで、本書で頻繁に使う用語「ネイティブ」と「ノンネイティブ」について確認しておきたい。これらは、「英語のネイティブスピーカー」と「英語のノンネイティブスピーカー」を指す略語として、日本では広く使われている。言語学でも長く使われてきたが、最近では、複雑な問題を抱えていると批判されている[2]。

　英語のネイティブとは、通常、以下の4つの条件をすべて満たすとされる。

①英語を母語とし、生まれたときから、または幼少期から英語の環境で育つ
②どんな状況でも英語を流暢(りゅうちょう)に使える
③英語を話す社会を深く理解し、その常識や表現を身につけている
④英語がその人にとって最も強い言葉であり、頭の中の深い思考を英語で行う

だが、この4つの条件が適切かどうかの議論があるし、条件を満たすかどうかも、現代社会の複雑な状況では割り切れないことが多い。たとえば、どの国でどんな英語を使う人を英語ネイティブとよぶか議論はつきない。国際的な英語教育業界では、ネイティブの英語教師をイギリス、アメリカ、カナダ、オーストラリア、ニュージーランド、アイルランド、南アフリカの7か国の出身者に限定する定義が存在する[3]。しかし、これらの国でさえ、英語が広まる前の現地語が存在するし、移民など英語をあまり話さない人もいる。

 一方、インド、フィリピン、香港などでも英語が広く使われるが、これらの国で英語を第一言語とする人であっても、ネイティブとよばれないことが多い。その理由は、この地域の英語が「標準的でない」「なまっている」からだと言われる。しかし、イギリスやアメリカにも「標準英語」とはかなり違う、地域の特色をもつ英語がある。どの英語がネイティブ英語か、何を根拠に決めるのだろうか。

 個人のネイティブの定義にも疑問がある。多言語を使う環境で育ったり、家庭と学校で使う言葉が異なったり、家族の母語が違う家庭に育ったりした人々には、どの言葉が母語になるのか。母語と第一言語の区別もあいまいで、「話す」と「書く」とで得意な言葉が違ったら、どの言葉のネイティブになるのか。

 どの問いかけも言語学的には重要で、多くの研究が蓄積されているが、単純な結論はない。さらに、ある人が英語ネイティブかどうかは、その人自身の感覚と周りの見方と

で違うことも多い。

　だから、英語を使う人々をネイティブとノンネイティブに二分するのは、机上の空論であり現実的ではない。むしろ、非常に英語力の高い人からほんの少ししか英語を知らない人まで、個人の英語力をあらゆるレベルの連続体と捉え、ネイティブもノンネイティブもその線上のどこかに位置し、さらにその英語力は時間とともに変化すると考えるほうが、適切だ。

　したがって、本当は違う言葉を使いたいが適当な用語が見つからない。そこで本書では英語ネイティブと英語ノンネイティブという言葉を便宜的に使い、略して「ネイティブ」「ノンネイティブ」とよぶ。本書の「ネイティブ」は、具体的な個人ではなく、英語を学ぶ世界の「理想化された英語ネイティブスピーカー」像を指し、一般に言われる英語圏の出身者で、前に挙げた4つの条件を満たす人とする。一方、本書の「ノンネイティブ」は、母語がある程度確立した後に英語を追加言語として学び、使う人を指す。日本語で書かれた本書の読者の多くも、自身を英語のノンネイティブとみなしているだろう。

英語ユーザーとELFユーザー

　もうひとつ、本書の言葉遣いで重要なのは、この「英語のノンネイティブ」を「英語ユーザー」または「ELFユーザー」とよぶことである。これは、とくにELFにとって重要な考え方である。

　世界の英語教育では、ノンネイティブは従来English learnersつまり「英語学習者」とよばれてきた。10年英語

を勉強しても、20年英語を使おうが、ずっと英語学習者である。これは、ノンネイティブは英語教育の目標である「ネイティブレベルの英語」に達していないので英語を勉強中の人だ、という考えを表す。「ノンネイティブの英語は、いつまで経っても不完全で、一人前の英語ではない」という伝統的な英語教育の価値観を反映している。

ELF研究は、この考え方を強く否定する。ノンネイティブは、ネイティブとは違う形で、一人前に英語を使っている。ノンネイティブは、英語力のレベルが初級であろうと上級であろうと、英語を使って何かをやっているなら、立派な英語ユーザーである。教室内で英語を学んでいる人を「英語学習者」とよんでも、教室外で英語を使っている人は「英語ユーザー」になる。ELFユーザーについては、第1章でさらに詳しく説明する。

英語の世界への広がり

さて、英語が現代社会でグローバルな共通語となった歴史背景を、簡単に考えてみよう。もともとイギリスの言語であった英語は、16世紀末から始まった大英帝国の植民地拡大とともに世界各地に広がった。アメリカ、オーストラリア、ニュージーランド、カナダなどでは、移住者たちの母語であった英語が第一言語となった。一方、インド、シンガポール、香港などでは、植民地経営者たちが英語を使って現地の人々の社会を統治した歴史的な背景により、今に至るまで、現地語と併せて英語が公用語の一つとして使われている。

英語はイギリスに加え、アメリカという大国の第一言語

となったため、世界の力の中心を司る言葉となった。政治、軍事、経済、文化、教育の各分野で世界の中心を目指す多くのノンネイティブが英語を学び、使ってきた。つまり、英語は、世界の強国の言語だから、世界中で使われるようになった。歴史をたどれば明らかだが、その過程では、特に植民地となった国に多くの不条理と不平等をもたらした。第2次世界大戦後も、アメリカやイギリスの影響力は増し、利便性や権力へのアクセスを求めてノンネイティブの英語ユーザーが世界中で急速に増加してきた。

英語教授法の発展

この歴史とともに、英語の教授法や関連ビジネスは、イギリスとアメリカを中心に発展してきた。それぞれの国の英語を手本とする「外国語としての英語教育法」が研究され、多彩な英語ビジネスが発展してきた。ネイティブ英語を現地で学ぶ英語学校、大学を中心とした短期・長期留学、英語の資格試験、教科書出版などが、巨大なビジネスに成長した。イギリスやアメリカにとどまらず、他の英語ネイティブの国々でも、英語は重要なビジネス資源となり、積極的な英語ビジネスの展開が英語を学ぶ人をさらに増やしている。

並行して、世界中のノンネイティブの国々も、イギリスやアメリカの英語教育法をモデルとして採用している。ネイティブの国で作られた英語教科書は、学習者がネイティブにできるだけ近づくことを目標にし、習熟度はネイティブ英語にどれだけ近いかで測られている。

ネイティブと異なる英語の使い方はすべて、望ましくな

いとされてきた。標準英語と違う発音は「なまり」であり、異なる文法使いは「間違い」である。標準英語に存在しない表現は「母語の干渉」で、他の言語を挟む「言語スイッチ」は英語力不足の表れである。学習者の英語は過渡期の不完全な「中間言語」とみなされ、間違いを繰り返して改善できないと、間違いの「化石化」だとされる。このようなノンネイティブの英語を否定する考え方は、実社会での雇用や給与にも投影され、英語を使う仕事ではネイティブが優遇されがちな現実がある。

ELFの考え方の誕生

長年にわたって努力して英語を学び、幾年も英語を使い続けてきたノンネイティブにとって、英語は重要なコミュニケーションの道具となり、英語を使って多くの成果を上げてきている。とりわけヨーロッパなどでは、仕事や生活で日常的に英語を使う人々が、ネイティブに従属的に位置づけられることに疑問をもつようになった。グローバル化の進展で人やモノの移動が増大するにつれ、英語が使われる場面も世界に広がり、英語の学習者や使用者の数が加速度的に増えてきた。この過程で、英語自体も変質してきていることに、多くの人が気づきはじめた。

ただ、その変質を「共通語としての英語」という視点で見直す研究が本格化したのは、やっと2000年ごろからである。この新潮流の中心には、ヨーロッパの社会言語学や英語教育の研究者たちがいた。ヨーロッパの国際都市で、異なる出身国や母語をもつ人々の英語コミュニケーションを録音し、分析した結果、彼らが使う英語が、母語としての

英語とは大きく違うことを明らかにした。そして、この「共通語としての英語」をELF（エルフ）、English as a Lingua Francaとよんで、従来の英語と区別して考えることを提唱した。

ELFの考え方

ELFという名前は、中世において、ヨーロッパの地中海地域で盛んだったヨーロッパとアラブの国々の交易で、ヨーロッパの言語とアラビア語の混ざった共通語が使われ、これをLingua Francaとよんだことに由来する[4]。Lingua Francaは文字通りには、ラテン語系で「フランクの言葉」を意味する。イタリア人、ギリシャ人、アラビア人などが、その言葉を混ぜて使った貿易語がなぜフランクの言葉と呼ばれるようになったかは諸説ある。この古めかしい歴史故事から命名された「共通語としての英語」＝ELFは、従来の「常識的な英語」とは異なる視点の新しい英語観であり、その科学的検証は、ジェンキンズやザイドルホーファーなどのELF研究の先駆者を中心に、多くの言語学者たちによって積み重ねられてきた[5]。

また、ささいなことに見えるが、この呼び方が、English as a Lingua Francaであって、the Lingua Francaでない点にも意味がある。ELF研究者たちが、英語を唯一の共通語とみなすべきではないと考えていることを示している。歴史的にも現在にもさまざまな「共通語」が存在し、今後も出現するかもしれない。英語はそのひとつにすぎず、「共通語」を英語に限定しないことを表す。

ELF研究はまた、世界中で英語だけを使うことを奨励し

ているわけではなく、英語が圧倒的に広く使われている現実を分析しているのである。特に近年では、「英語のみ」で使われるのではなく、「多言語の世界」で他言語とともに使われている英語を、積極的に研究している。

仕事のための共通語としての英語

ELFは、異なる母語をもつ人たちをつなぐために世界中で使われる英語であり、その目的は問わない。ただ、本書では特に「仕事のための英語」に焦点をあてる。それは、国境や母語を超えて行われる英語のコミュニケーションの多くが、なんらかの仕事に関連しているからである。これは、利益を追求する仕事に加え、広義の「仕事」を対象とし、研究者、公務員、非営利団体で働く人々も含む。つまり、本書の「仕事の英語」とは、国や文化を超えて、国際的な課題を共に解決するためのコミュニケーション手段を指す。また「仕事」で使われるELFコミュニケーションは、ELFの特徴が最も顕著に現れる[6]ので、本書の英語勉強法は、「留学・研究」「多文化圏の生活」「旅行や移動」など仕事以外の目的のELFユーザーにも応用がきき、役立つだろう。

これからELFを詳しく探求する前に、言語学の2つの重要な新潮流、World Englishes（世界の英語たち）と、Multilingualism（多言語の共存）を紹介したい。

言語学における言語観の変化

ELF研究者が「共通語としての英語」はネイティブの英語と違う、と考えることを提唱したのは、言語学界の突然

変異ではなく、言語学研究の大きな変革の波の一部である。グローバル化が進行して世界で英語が突出して広く使われるようになった状況のもと、従来の「言語学の常識」に、次々と疑問が投げかけられ、言語の本質的な考え方が変化してきたのである。

世界の英語たち

すでに述べたように、ネイティブとノンネイティブの定義や「英語圏」の定義はあいまいで、その根拠は明らかでない。たとえば、インドでは多くの人が英語を使うが(インドには英語を使わない人も多い)、幼少期から主に英語を使ってきたインド人でも、英語ネイティブとよばれないことが多いし、その人たちの英語も、ネイティブ英語より劣っていると扱われがちである。しかし、インド出身できわめて高い英語力をもち、英語を使って優れた業績をあげている人々は多い。

このような世界の多様な英語に差別を設ける考えに異議申し立てをしてきたのが、World Englishes(英語 Englishes と複数形で表記される)とよばれる研究領域である。この分野は1980年ごろから活発化し、ELFの登場より20年ぐらい早い。これは、世界に広がる特色のある英語をすべて、平等な英語として認めるべきだという考えであり、だから英語が複数で表記される。

World Englishesでは、英語を歴史的背景をもとに3つのグループに分けて、世界の英語の広がりを整理した[7]。第1グループは、英語の誕生の地イギリスと、英語が初期に広がり第一言語になった国々であり、一般に英語圏とよ

ばれる。第2グループは、歴史的に英語が早く公式言語として広がった国々で、インド、ナイジェリア、フィリピン、マレーシア、シンガポール、ケニアなどである。これらの国では植民地経営の影響が強く、また、その地域固有の特徴をもつ英語が多い。第3グループが、グローバル化の中で英語を学び使う人が増えた国々で、上記以外の国々がならび、日本ももちろん、このグループに入る。

World Englishesは、これらすべての英語を「英語たち」とよび、英語として等しく認めようと主張したわけだ。イギリス・アメリカの英語こそが世界の全英語学習者・使用者のモデルであると規定してきた、従来の英語教育の常識に挑戦したのである。

マルチコンピタンス

続いて1990年ごろから、多言語を使う人々の複合的な言語能力についての考えに変革が生まれた。この新しい言語観はアメリカの言語学者クックによって提唱され[8]、マルチコンピタンス、つまり「複合的な能力」と名付けられた。この概念は、その後の言語学に起きる多言語的な視点へのパラダイムシフトの幕開けとなった[9]。

従来の言語学では、次のような考え方が広く共有されていた。

①各言語は独立したシステムとして機能する
②各個人には、それぞれひとつの母語がある
③追加で学ぶ言語は、母語とは独立した別の言語のシステムとして習得されるべきで、混合すべきではない

④追加で学ぶ言語は、ネイティブレベルに達しないと言語システムとして不完全である

　具体例で説明しよう。たとえば、イタリア育ちのAさんが、日本に惹かれて日本で20年生活し、日伊をつなぐビジネスをしながら、イタリア語と日本語を使ってきた。従来の言語学では、Aさんは、母語として完璧なイタリア語と欠陥の多い日本語の2つの独立した言語システムをもっていて、この2言語を混ぜて使うのは言語的に邪道と捉えた。したがって、日本語だけを見れば、Aさんは20年も日本にいるのにまだ「欠陥だらけの日本語」で話すので、失敗した言語学習者とみなされる可能性さえある。

　クックはこの考えに異議を唱えた。彼によれば、Aさんは成功したマルチリンガルであり、その言語力はイタリア語と日本語が混在し相互に影響しあっている。Aさんの日本語は欠陥だらけなのではなく、イタリア語と結びついたAさんならではの豊かな日本語である。マルチリンガルとは、母語しか使わないモノリンガルと根本的に違い、独自の豊かな言語力をもつとクックは主張した。

　たとえば、Aさんはイタリア料理のシェフで、日本でレストランを経営しているとしよう。イタリア語なまりの日本語で客をもてなし、イタリアの味や風土を紹介する。日本人客はAさんとの会話を、このレストランの魅力のひとつと感じ楽しむ。Aさんも日本語を自身の大切なコミュニケーションの道具と考えている。Aさんの日本語は欠陥だらけだろうか？　また、日本人と結婚したAさんの幼い子どもたちは日本語とイタリア語をほぼ同じぐらいの巧みさ

で話す。この子たちの母語は何語だろう？　父母への愛情を込めて2つの言葉を混ぜて使う子どもたちは、言語のルール違反を犯しているのだろうか？　むしろ、豊かで独自の言語力をもつマルチリンガルではないだろうか？

複合的な言語力

このマルチコンピタンスの考えをさらに推し進め、個人の言語能力をより複合的に理解する考え方が、社会言語学で浸透しつつある。この流れの牽引役の一人、ベルギーの言語学者ブロマートは、ヨーロッパの多言語・多文化社会で生きる移民や、グローバルな仕事をする人の「個人の言葉の歴史」を研究した[10]。彼は、これらの人々が複数の言葉を目的や状況に応じて使い分ける様子を分析して、「言葉のレパートリー」という概念を提唱した[11]。ブロマートは、母語であっても完璧に使えることは稀であり、追加で習得する言語では使う機会の多い部分だけが発達すると指摘した。マルチリンガルは、「欠けている」不完全な複数の言語を目的に応じて使い分けるのが自然であると説明した。

具体的に、彼自身の「言葉のレパートリー」で説明しよう。ブロマートはオランダ語を母語とし、その後フランス語、ドイツ語、英語の順で、4つの言葉を使うようになった。彼が自分の「言葉のレパートリー」を試みで図解したのが図4である[12]。ブロマートは、言語学者として卓越した業績をあげ、数多くの著作を英語で発表し、彼の英語での研究の質と量は、英語ネイティブでもなかなか肩をならべられないと思う。しかし、彼の自己評価では、英語の

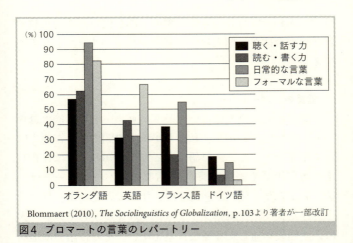

Blommaert (2010), *The Sociolinguistics of Globalization*, p.103より著者が一部改訂

図4 ブロマートの言葉のレパートリー

能力は母語のオランダ語にくらべて低く偏っている。英語力は、仕事に必要な「フォーマルな言葉」と「読む・書く力」には強いが「聴く・話す力」や「日常的な言葉」はかなり低い。反対に、フランス語やドイツ語は日常生活でよく使うので、「聴く・話す力」と「日常的な言葉」は比較的強いが「読む・書く力」や「フォーマルな言葉」はとても弱い。

ブロマートの「言葉のレパートリー」は、個々の言語を単独で見れば不完全で断片的だ。特に、母語の後に学んだ言語は、その言葉だけで暮らしているネイティブとは全く異なる「欠けた」言語力しかない。彼によれば、母語ですら弱点がある。しかし、これらの言語を複合的に使うことで、彼独自の豊かなコミュニケーション能力を発揮している。

私たちはどの言語も完全には習得していないが、特定の

目的にあわせて自分のもつ言葉の一部を使い、その複数の言語の複合体が、個人の「言葉のレパートリー」となるのである。

「言葉のレパートリー」

母語でさえ完全ではないというブロマートの指摘は驚きかもしれない。しかし、私たちが一生の間に使う言語力は常に不完全で、たとえ母語であっても未知の分野は存在し、その専門用語や表現に疎い。「言葉のレパートリー」は、個々人が言葉を使ってきた歴史、住んできた場所、付き合ってきた人々、仕事やライフスタイルを反映している。人は人生経験を通して多様な言葉を使い、その言語力は地層のように積み重なる。こう考えると、「言葉のレパートリー」は、個人によって異なる。

この視点から追加言語としての英語の学びを考えると、英語の中で自分に必要な部分だけが発達し、他は欠けるのは全く当たり前である。むしろ、英語をすべての目的にあわせ均等に習得することを期待するのは、非現実的だと理解できる。日本人の多くは、英語を「学校の英語授業」というきわめて狭い環境で学ぶ。勉強や学術に関連した英語には慣れても、小さい子どもと幼児言葉で話したり、医者に病状を説明したり、スーパーで買い物をしたりするなどの日常生活にありふれた英語には触れる機会が少ない。だから英語圏での簡単な日常会話で戸惑っても当たり前なのだ。

ずっと以前から、「世界の英語たち」は存在し、「複言語の言語レパートリー」を使う英語ユーザーも世界で活躍し

てきたが、伝統的な言語学ではこうした「現実」を例外扱いしてきた(13)。しかし、社会言語学では1980年ごろからグローバル社会の「現実」を研究し、新しい言語観を提案するようになった。「共通語としての英語」をネイティブの英語と区別して考えるELFも、この大きな変革の流れのひとつである。ELF発想は、英語を「建て前」ではなく「現実」にあわせて学ぶ提案だと私は考えている。

ELFについての誤解

本章の終わりに、ELFについてよく誤解される3点を確認しておく。

①ネイティブの英語を否定しない

まず、ELFがネイティブの英語やその文化を否定しているわけではないことを強調したい。英語圏の各国には独自の英語と文化があり、その英語はその言葉を母語とする人々の誇りであり愛情の対象でもある。

ネイティブの人々が使う英語は洗練され、面白く、機能的で効果的、魅力にあふれている。また、ノンネイティブとして英語を学ぶ者の多くも、英語の「ネイティブの国々の文化」に魅了されてきた。従来、シェイクスピアやマザーグースなどの英文学は英語を使うために必須の教養とされてきたし、最近ではハリーポッターを読んで英語力を養うことも人気がある。私も、その世界は魅力的で、楽しいと思う。

ただ、この洗練された言葉遣いや豊かな文化を、すべての英語を使う人に強要したり、それを基準に他者を批判し

たりすべきではない、というのがELF発想である。

② ELFは下手な英語ではない

一方で、ELFは、稚拙な英語やB級英語でもない。

どんな英語力でも、英語を使って何かをする人は一人前の英語ユーザーだから、ELFの入口の敷居はとても低い。国外からの旅行者が多い場所で、非常にシンプルな英語を使って商売を繁盛させている英語ユーザーたちがいる。カタコトの英語でも、日本語が全くわからない外国人には大きな助けになりとてもありがたい。敷居の低いELFの世界の、効果的なELFユーザーの例である。

一方で、非常に複雑で高度に鍛えられた英語コミュニケーションをしているELFユーザーたちも多い。たとえば、ヨーロッパ連合（EU）ではきわめて複雑で重要な議論の多くを英語で行っている。複雑なニュアンスを伝える記者会見や、首脳たちの会話などをYouTube動画で見ると、ヨーロッパのELFユーザーたちの多くは、母語の影響がはっきりとわかる、ネイティブとは違う英語を使っている。しかし、ヨーロッパの将来を決める重要な課題について議論を戦わせるときの英語を、稚拙だと言う人はいないと思う。

つまり、ELFとは入口の敷居は低いが、奥は深い。コミュニケーションのツールとしてのELFは、広く、深く、学びはつきない。そして、ELFユーザーは、そのどこにいてもいいし、どこを目指してもいい。ひとりひとりが、英語を使う状況や目的によって必要な英語力を決める。さらに、ELFユーザーの英語力は、使う経験とともに変わっていく。

だから、ELFとは、英語のレベルの区別ではなく、英語

の使われ方の区別である。

③ELFにはネイティブも参加する

　最後に、ELFはノンネイティブだけのコミュニケーションを意味するわけでもない。国境を超え異なる国の人々が英語でコミュニケーションをする場には、当然、さまざまな国のネイティブの英語ユーザーも参加している。

　ELF研究では、ネイティブとノンネイティブが混在したコミュニケーションでの英語の使い方の違いや相互理解の方法について、多くの研究がされてきた。ELFの概念では、ネイティブとノンネイティブは対等に扱われるが、実際のコミュニケーションでは、多くの興味深い事例が報告されている(14)。ネイティブは、ネイティブ同士で英語を話すことに慣れているから、話すスピードは速いし、思いがけずノンネイティブの英語に出くわすとその違いに戸惑い、ときには無遠慮に聞き返すことがある。一方、ノンネイティブがネイティブの会話に参加すると、自分の英語がうまく伝わらず、頻繁に聞き返されるので英語で話すのが嫌になる事例もある。

　ノンネイティブのELFユーザーにとって、ネイティブとノンネイティブのどちらが話しやすいか、よく話題になる。ノンネイティブ同士のほうが気軽でコミュニケーションしやすいと感じる人も多い一方で、ネイティブとのコミュニケーションのほうがわかりやすいと感じる人も多い。これは、個々人の「英語を学び、使ってきた歴史」に大きく依存しており、意見が違うのはそのためのようだ。

第1章 ELFユーザーとして、ELF発想を考える

1.1 ELFの現場とELFユーザーたち

　さて、これからみなさんと英語の学習法を考えるにあたり、まずはELFが使われる現場を理解したい。「英語を使う現場」という目的地を知ってから、**逆算して**、英語を学ぶ作戦を練ろうというわけだ。

　私は「仕事で英語を使う人々」に焦点をあてた研究を行っており、これまで約200人の日本人ビジネスパーソンの「私の英語史」を聴き取ってきた。1時間程度の1対1のインタビューで、学校で英語を学んだころから始め、それまでの英語との付き合いの歴史を聞く。さらに、仕事で英語を使ってきた経験の中から、面白い、うれしいと思ったこと、苦労した点やさまざまな工夫、そして英語観の変化について語ってもらう。また、日本人だけでなく、日本人といっしょにビジネスを行っている外国人からも話を聴いてきた。

　インタビューに協力してくれたのは、日本の教育制度の中で英語を学んできた人が中心で、20代から現役を退かれた方まで年齢も、性別も違う。働く業界や職種は幅広く、インタビュー時に住んでいた地域は、日本、アジア、ヨー

ロッパ、アメリカと散らばっており、彼らがそれまで仕事をしてきた地域は、さらに中近東、南米、アフリカにまで広がる。

ここでは、6人の日本人ELFユーザーの具体的な英語の使い方を紹介する。仕事の種類、業界、会社、年齢、英語の使用法が違う多様なユーザーの経験談を通じて、ELFユーザーの現場を知っていただこう。個人情報保護のため少し脚色を加え、その舞台の国や都市にちなんだ仮名を使う。

紹介するエピソードは、仕事で初めて英語を使ったころや、英語に少し慣れてから新たな挑戦をしたころに焦点をあてている。インタビューでは、多くの人が長年にわたって多様な国で豊富な経験を積み、その過程で英語観が変化していく様子が興味深い。ただ、「最初の壁は高かった」という感想は多くの人に共通する。仕事で英語を使いはじめたときには、自分の英語力について悩みながらも、失敗を重ねる中で自分なりのやり方を見つけて、なんとか仕事を成し遂げる人が多い。紹介する6人の中で、2人は日系企業、2人は外資系企業で働き、残りの2人は個人として英語を使っている。

突然英語を使うことになった大仏さん──日系企業で働く①

まず、日系企業本社で働いてきたが、突然フランス人が上司になった大仏さんだ。日本の大手メーカーで順調に仕事をしてきて40代で課長職となった彼には、英語を使って仕事をした経験はほとんどない。大学入試までは熱心に英語を勉強したが、大学では英語の授業はあっても積極的には勉強しなかった。これまで国内市場を担当してきて、英

第1章　ELFユーザーとして、ELF発想を考える

語はたまに行く海外旅行で簡単な会話に使う程度だった。しかし、フランスの会社の資本が入り仕事環境は一変した。社内の英語研修は受けたが、正直、自分の英語が即戦力になるとは思えない。

　大仏さんは、フランス人の上司が数人で初来日するタイミングで最初の英語ミーティングをすることになった。日本市場の現状をまとめたプレゼンを30分ほど英語で行い、その後、フランス側のメンバーと意見交換をする。初回だけは、海外部門の社員が応援で同席し、どうしても必要なら通訳をしてくれるが、基本的には自力で英語で乗り切らなくてはいけない。今後は日常的な上司とのコミュニケーションは英語になるからだ。経営陣のコミュニケーションも、英語中心に切り替わりつつあると聞いている。

　英語のプレゼンは、以前行った日本語のプレゼンをもとに日本語のスライドと原稿に加筆修正し、その後、外部の翻訳会社に発注して英語にした。会議までに英語の原稿を暗記し、説明の練習をする。ミーティングは、フランス側2人と大仏さんのチーム5人の計7人で英語で行う。最初の顔合わせなので、各部員も自分の仕事内容を英語で説明する準備をしている。

　大仏さんは、フランス人上司との最初の会合で、こんな苦労をした。
- 英語プレゼンは、周到な準備と練習のおかげでうまくできた。しかし、その後フランス側から多くの質問が出たのは予想外だった。質問の理解も難しく、その場ではあまり答えられなかった。結局、ほとんどの質問を書きと

め、後日まとめて答えることになった。
- ミーティングは、自己紹介までは予想通りだったが、フランス側からさっそくチームでの働き方について提案があり、意見を求められた。提案自体100%は理解できなかったし、思うように自分の意見を英語で表現できなかった。フランス人が主に話し、日本人は沈黙する時間が長かった。
- 全体として、フランス人の英語に慣れず、聴き取りが難しかった。雑談も話題が思いつかず、日本までの旅や、日本の印象について、ありきたりの話を少しだけした。最後まで、相手の人柄がつかめなかった。
- 英語の資料も作り、準備はかなり入念にした。ただ、最初の顔合わせで何を話すかイメージがはっきりしていなかったし、相手の期待との食い違いも感じた。

**現地スタッフとのコミュニケーションが課題の星野さん
――日系企業で働く②**

次に、中堅日本企業のマネージャーとしてシンガポールに駐在した30代の星野さんを紹介する。星野さんは、国内で東南アジア市場向け製品開発を担当してきたが、数か月前に初めての海外赴任の辞令をもらった。

業務はよく知っているし、シンガポールオフィスのメンバーとも以前から頻繁にメールのやりとりをしてきた。何度か出張もしている。英語は正直得意ではないが、今や海外市場が会社の売り上げの半分以上を占めていて、好き嫌いは言っていられない。新しい挑戦だが、英語で仕事を進めるのはそれほど難しくはないだろうと考えていた。

第1章　ELFユーザーとして、ELF発想を考える

　シンガポールオフィスの支店長は日本人で、自分は部門長、シンガポール人の部下が5人いる。オフィスには長く勤めるメンバーも多く、半分は日本語を少しは話すので、日常の業務にはほとんど支障はない。ただ、毎日英語を使っていると疲れて面倒な気持ちにはなる。本社との日本語でのやりとりや、支店長や他の日本人の部門長との打ち合わせも忙しい。昼に日本食を食べながら日本語で話すとほっとする。

　シンガポール人の部下たちは、英語は自分よりはるかに堪能で、現地の取引先に出すメールや英語レポートは各段にうまい。部下が書く英語の書類は一読してサインをし、そのまま流してしまうことが多い。多少内容に気になる部分があっても、英語でどう変えるといいのか、自分から英語で提案するのは難しい。週に1回の部内ミーティングは英語で行う。会議の進め方について最初はいろいろ考え準備したが、最近はルーティーンの報告を中心に、15分ぐらいで終わっている。

　全体としては、仕事はスムーズに進んでいるし、特に問題はないと思っている。

　星野さんの部下のシンガポール人はこう話してくれた。
- 星野さんは、いつもニコニコしていて、無理なことは言わないし、怒らないし、礼儀正しく良い人だと思う。
- 英語はあまり上手ではないが、必要なことは、英語に少しの日本語を交え、お互いに理解しあえている。ただ、英語を話すのはあまり好きでなく、英語での複雑な話を避けたがっているように見える。

- 部内ミーティングは英語で行われるが、日常的な報告で終わることが多い。星野さんと英語で話していて、本音が言えた、通じあった、と感じたことはあまりない。社内の重要な決断は、日本人の日本語の会話で決まっている感じがする。
- 英語でレポートや企画書を書いて星野さんに提出しても、それがどこでどう使われるのか、本社まで届いているかよくわからない。日本語の壁の向こうのことはわからないと感じる。
- 決まった仕事には問題がないが、いつもと違うことは、進め方がわからない。新規ビジネスのアイディアが浮かんだが、提案する方法がよくわからず、何もしていない同僚がいる。
- 意欲的なシンガポール人がたまに入社するが、比較的早く辞めて、欧米系企業に移っていく。大きな仕事をしたい、新しいことに挑戦したい若手には向かない会社だと思う。ただ、長年働く私には居心地はいい。

外資に転職して幹部候補を目指す米田さん
――外資系企業で働く①

20代後半の米田さんは、アメリカのメーカーに勤めている。新卒で入った国内メーカーでカスタマーサービスを担当していた経験を活かして、アメリカ企業の日本支社に転職し2年目になる。

米田さんはもともと英語が好きで、学生時代には集中的に勉強してTOEIC750点を取ったし、外資系で働いてみたかった。転職して、給料は上がり残業は減った。職場の雰

囲気は自由で仕事も任せてくれるので、ぜひこの会社でキャリアを築いていきたい。これまでの2年間は、日本企業で養った専門知識を活かしてカスタマーサービス業務を担当し、課題を改善してサービスを向上させたと、上司から評価されている。

今は、ほとんどの業務は日本語で行う。チームリーダーの上司は同年配のアメリカ人で、彼とは英語で話すようにしているが、言葉が出ないことがけっこうあり、日本語を使ってしまう。上司は、学生時代に1年日本に留学していて、自分の英語よりうまい日本語を使う。

たまに本社への報告の英語メールも出す。英語メールを書くには時間がかかり、文章は長くなりがちで、どうも英文が日本語っぽいように思う。上司に見せると、さっと添削して簡潔な表現に直してくれる。

上司のアメリカ人は、あと2－3年で変わるだろうし、他のアジアの国のカスタマーサービスの部門長は、現地の人が多い。これからは自分も英語力を伸ばし、アメリカ本社や、アジアの他のオフィスとのネットワークを強化し、幹部候補として認められたい。まだ本社に行ったことはない。

米田さんの悩み

- 普通の英語とビジネス英語の違いがよくわからない。自分の英語をどう変えればビジネスの場で効果的になるか、具体的に知りたい。
- 上司のアメリカ人が英語でプレゼンをしたり、事業方針を説明したりすると説得力があるし、聞いているとやる

ぞと感じる。自分も自信をもって英語で話し、効果的なプレゼンができるようになりたい。

- 関連部署との英語の会議が時々あるが、上司と他部署の英語のやりとりを聞くことが多く、発言することはほとんどない。時々上司が、「どう思う?」と発言の機会をくれるが、英語だとまわりくどく締まらない話し方をしてしまう。
- 英語のメールを書くのに時間がかかる。2時間もかけて悪戦苦闘し、複雑な事情を丁寧に英語で説明する長いメールを送っても、あっという間に数行の簡単な返信が来ることが多く、拍子抜けする。もっと素早く、要点を絞ったメールを書けるようになりたい。
- これから1年は英語をしっかり頑張ることを目標にしている。どう勉強すればいいだろうか。

海外の本社で研修する池端さん——外資系企業で働く②

外資系キャリアがやや長く、英語にも慣れている池端さんは、40歳目前で、スウェーデンの会社に転職したばかり、再来週にはストックホルムで行われるグローバルマネージャー研修に新人として参加する。

転職して初めての本社への出張で、ぜひいい印象を与えたいし、本社や他国の同僚ともネットワークを築きたい。世界で500人ぐらいの小さい会社で、組織はフラットだ。

昨日、研修のプログラムが送られてきた。忙しくてまだ丁寧に読んでいないが、この週末に家でゆっくりと予定を確認し、どう準備するか計画を練る予定だ。

第1章　ELFユーザーとして、ELF発想を考える

池端さんの準備
- 世界中の支社からマネージャーを本社によびよせての研修なので、初対面の参加者が親しくなるためのアイスブレークの活動から始め、盛り沢山のプログラムが用意されているようだ。
- 本社の経営陣から戦略を聞き、与えられたテーマについてチームディスカッションもする。
- 基本的には、研修プログラムに積極的に参加し、その場の状況を判断しつつ全力で頑張るということだろう。
- まずは、自己紹介や、今までの経歴、この会社でやりたいことは、しっかり英語で言えるように準備しよう。
- 他にどんな準備が必要なのか、今の時点ではあまりイメージが浮かばない。この週末に資料を読まないといけないが、送られてきたファイルは英語で50ページを超える。宿題もあるようだが、しっかり準備する時間が取れるだろうか。

イタリアの国際コンペで英語デビューする伊丹さん
──個人として英語を使う①

　30代の伊丹さんは、ファッションデザイナーとしてアパレルメーカーに勤めていたが、独立して自分のデザインの服を作りはじめた。デザインは評価されているし、密かに自信もあるが、もっとブランドとして知られたい。そのために、イタリアで毎年開催される若手デザイナーの登竜門である国際コンペティションに、自信作を応募してみた。すると、うれしいことに予選通過、イタリアのミラノでの本選に行けることになった。今、本選に向けて、英語を勉

強している。

　伊丹さんは、高校までの勉強で、英語が好きだったことも、得意だったこともないし、自分が将来英語に縁があるとは全く思っていなかった。しかし、デザイナーの世界に入ってみてファッションはグローバルにつながっていることを知った。デザインは世界の流行の中で動き、日本国内にいても海外市場は無視できないし、優れたデザインは海外に売り込むチャンスがある。

　国際コンペでは作品エントリーに英語の書類が必要だったが、これは英語が得意な友人に頼んでなんとかした。しかし、ミラノの本選では作品を自分で英語で紹介し、審査員からの英語の質問には英語で答えなくてはいけない。

　過去の受賞作品を調べると、デザイナーたちが自らの作品を英語で紹介している動画がインターネット上にたくさんある。受賞者は、韓国、フィンランド、メキシコ、ロシア、タイと、本当に世界に広がっている。英語のうまい人もいれば、そうでもない人もいて、とんでもなく英語力が必要なわけではないようだ。ただ、受賞者は英語が下手でも工夫をして作品の世界観を個性的に表現して、魅力的にプレゼンをしている。自分は、英語は全然できないが、作品が一番大事だし、少しはチャンスがあるかもしれない。そのために、コンペの舞台での、英語での自己紹介や作品紹介をなんとか乗り切りたい。通訳を連れていくのは自由なので、英語の得意な友人に頼めると安心だが、費用は自己負担で飛行機代や食事代と相当な金額になり、躊躇している。

　それにしても、舞台上で英語で話すのは怖い。本選まで

あと3か月、なんとかなるだろうか。

伊丹さんがやりたいこと
- 英語を人前で話した経験がほとんどなく、英語で話すことを考えると苦痛だ。高校までの英語の授業では、同級生とペアになって教科書の練習会話をする程度で、ろくなスピーキング練習をした記憶がない。まずは、発音をなんとかしないといけない。
- 自己紹介と作品紹介は、自分で英語を使って話したい。自分のデザインの世界を、情熱を込めて審査員に直接伝えたい。どう準備と練習をしたらいいだろうか。
- 審査員との質疑応答はどうしたらいいだろう。想像がつかないが、方法はあるだろうか。
- コンペ期間中には、ウェルカムカクテルパーティやコーヒーブレークなど、社交の機会が何度かある。世界中の有名ファッションデザイナーと話し、若手デザイナーと知り合える、めったにない機会だ。ここでの英語での会話も、なんとかしたい。
- わざわざイタリアまで行くのだ、楽しく過ごしたいが、英語の準備に使える時間とお金は多くない。どうすればいいだろう。

英語のボランティアガイドに登録した東さん
　──個人として英語を使う②

　50代の東さんは、忙しい会社勤めだが、最近英語のボランティア活動を始めた。これまでも英語に興味があり、使いたいと思ってきたが、仕事では英語を使う機会がなかっ

た。社外の世界を広げようと、数か月前、東京都内の非営利団体が運営する外国人旅行者向け無料ツアーのボランティアガイドとして登録した。

過去10年ぐらい、海外旅行に行くと地元の人が企画するユニークな体験ツアーに参加し楽しんできた。アジアやヨーロッパで、街歩きツアーや、スポーツ体験、現地家庭での料理教室や食事会と面白い企画にたくさん参加し、現地の人と知り合うのが楽しかった。今度は自分が日本の良さを伝え、外国の人を楽しませたいと思うようになった。将来、副業や定年後の仕事として、インバウンドに関連して何かできたらいい、という思いもある。

現在は、ボランティアグループからの依頼に応え、月に3回ぐらい、週末の半日から1日都内の名所を案内する。友人や家族と個人旅行をしている世界中のゲストと知り合うのは面白い。より楽しい案内ができるように、お客さんを楽しませる工夫もしたいし、会話が弾むように英語力も伸ばしたい。ただし、ボランティアなので、報酬はなく交通費も自己負担だ。

東さんが伸ばしたい英語力

- ボランティアグループが用意している名所の英語案内があり、要点を暗記して言うだけなら、英語でスムーズに説明できる。ただ、これでは無味乾燥、もっと楽しさを織り込んだ説明をしたい。
- これから数年の間に、英語を使って外国人に日本の魅力を伝える仕事を見つけ、それに取り組みたい。この準備のために、どう英語力を伸ばしていけばいいだろうか。

1.2 ELFの現場の5つの特徴

　仕事で英語を使っている日本人の具体例として6人のELFユーザーを紹介したが、彼らが英語を使う目的、状況、場所、方法、相手、仕事の役割はそれぞれに異なる。東さんのように、英語を使う仕事をしたいがまだ準備段階にあり、まず先に英語力を伸ばしたい人もいる。6人の例を通して、ELFの具体的なイメージが浮かんできたと思うが、その多様性ゆえにELFの全体的な特徴は捉えにくいかもしれない。

　そこで、ELFユーザーの視点からELFの特徴をまとめよう。ELF研究を中心とした言語学の研究の成果を参考に、具体的な事例と結びつけて紹介する。

特徴1・目的をかなえるための英語

「仕事の英語」は、英語を使う目的が明確であり、そのコミュニケーションによって何を達成したいか、はっきりしているのが特徴である。つまり、仕事で使う英語は、目的をかなえるために内容重視で実用的である。

　内容を重視するとは、伝えたい「なかみ」がはっきりとあり、それが相手に伝わることが最も重要だということである。実用的であるとは、自分が今もっている英語力で目的を達成できるように、英語を使うことを優先するという意味である。英語を正しく使うよりも、目的の達成が重視される。

　たとえば、仕事の約束に1時間も遅れた。とても申し訳

ないと思っているが、電車の事故でやむを得なかった。このとき、会ってすぐに「申し訳ない」気持ちがきちんと相手に伝わることが最も重要だ。自分の知っている限りの英語の「申し訳ない」表現や表情も使い、相手がわかってくれるように事情を説明しようとする。このとき、英語の文法の正確さは、あとまわしになる。

実証研究によると、仕事の目的を効果的にかなえるための英語に不可欠な要素は、以下の3点にまとめられる。これは、北欧の多国籍企業で毎日英語を使って仕事をするELFユーザーたちを対象にしたアンケート調査の分析結果である[1]。

①シンプルでわかりやすい英語
②仕事上の専門知識と専門用語を用いた英語
③仕事相手との良好な関係を築く英語

「シンプルでわかりやすい英語」 とは、形式の正しさより、内容のわかりやすさを重視することである。伝えたい内容が正確に伝わることを優先し、誤解がないように、相手が理解しやすい表現を使う。外国語のコミュニケーションでは聞き逃しや聞き間違いが起こりやすく、特に数字や固有名詞は感覚的にわかりにくいので、納期や契約条件など重要な詳細で誤解が起こるリスクは高い。だからこそ、どう話せば誤解なく正確に理解してもらえるかを常に考え、明瞭さを優先する。

「仕事上の専門知識と専門用語を用いた英語」 とは、それぞれのビジネス領域に固有の専門用語や表現を、専門知識

の裏付けをもって英語で的確に使うことを指す。仕事の英語は多くの場合専門家同士で使うから、専門用語を使うことがお互いの理解を正確かつ迅速にする。

たとえば、メーカーで働く大仏さんやカスタマーサービス担当の米田さん、ファッション業界の伊丹さんには、それぞれの業界や職種に特有の専門用語がある。こうした専門用語を英語でも適切に使えば、たとえ英語は稚拙でも「肝心の専門分野は深く理解している、話す価値がある」と相手に伝えることができる。一方、英語で専門用語を知らないと、英語の上手下手にかかわらず「そもそも仕事がわかっていないんじゃないか」と相手は疑いかねない。

「仕事相手との良好な関係を築く英語」 とは、相手とできるだけ良好な関係を築けるように、相手がどう感じるかに配慮しながら、英語を使うことである。ELFユーザーの英語のコミュニケーション相手は、仕事で協力をしてもらったり、いっしょに働いたりするなど、仕事の目的をかなえるために重要な人たちが多い。したがって、単に情報を伝えるだけでなく、どう説明すれば協力してもらえるか、どう話せばいっしょにやる気になってもらえるか、相手の受け取り方を考えることが大切だ。コミュニケーションを通して信頼関係を作り、仕事の目的をかなえたい。

特徴2・多様な相手と多様な英語

ELFの第2の特徴は、英語の多様性である。先に紹介した6人が英語を使う相手は、さまざまな国で英語を学んできて、多様なアクセントや表現の英語を使うだろう。ELFユーザーとして英語を使っていると、多かれ少なかれ「世

界の英語たち」の多様性を経験する。

　さらに、相手の英語のレベルも多様である。流暢な英語を使うネイティブから、ほとんど英語を使ってこなかった人まで、英語への慣れ、使う表現や語彙の複雑さ、話す速度も大きく異なる。しかも、ELFが使われる仕事の現場では、異なる英語のレベルの人々が混在する。英語学校のようにレベル別にクラス分けされることはない。むしろ、自分より英語が「ずっと上手い人」も「かなり下手な人」もいっしょに仕事をすることが一般的である。

　たとえば、米系多国籍企業で働く米田さんは、アメリカ本社やアジア各国の担当者と英語でコミュニケーションを取るが、英語力の差は大きそうだ。アメリカ本社のネイティブは毎日ほとんど英語だけを使うだろうし、タイやベトナムの支社の同僚の多くは普段はほとんど英語を使わないだろう。ファッション界の国際コンペに挑む伊丹さんは、さらに多様な英語を、動画で目の当たりにしている。出展する世界のデザイナーたちは、みな英語を使って作品を紹介しているが、英語の特徴もレベルも、さまざまに違う。

　一方で、マネージャーレベルで外資に転職した池端さんは、スウェーデンで、かなり複雑でつっこんだ話を英語でするだろう。北欧は、各国の経済規模が小さく国境を超えた行き来が頻繁で、仕事でも英語を使う機会が多い。そのため、本社には、ネイティブとは違う英語を使うが、英語でのコミュニケーションに熟練している人が多そうだ。

特徴3・多言語と多文化が織り込まれた英語

　第3の特徴は、英語の背後にある母語や文化の多様性で

ある。第2の特徴である英語そのものの多様性は、話すとすぐわかるだろうが、英語の背後にある母語や文化の多様性は気づきにくいことが多い。

ノンネイティブのELFユーザーは、全員が少なくとも英語と母語の2か国語を使うバイリンガルであり、さらに複数の言葉を使うマルチリンガルも多い。彼らはそれぞれの母語ではネイティブとして高い言語力をもち、この多言語が相互に影響する複合的な「言葉のレパートリー」をもつ。

だから、ELFユーザーが英語を使うとき、その人の母語や文化が英語に影響を与える。多様な母語や文化をもつ人が集まる場では、その影響が複雑に交錯するELFコミュニケーションが生まれる。

多言語が共存し、多言語環境で働くことに慣れているヨーロッパの人々の仕事の現場の研究を例に取ろう。ロンドンのIT企業でいっしょに働く8人のエンジニアは、出身国や来歴が大きく違うマルチリンガルだが、臨機応変に多言語を交えながら英語で業務を進める(2)。メンバーの「言葉のレパートリー」は大きく異なり、スペイン語、イタリア語、スウェーデン語、アラビア語、ドイツ語、フランス語、ポルトガル語が混在し、言葉のレベルは不均一だ。原則として英語が仕事の共通語だが、効率や関係者の理解度にあわせ、必要に応じて違う言葉を混ぜる。スペインやドイツの顧客とはできるだけスペイン語やドイツ語で商談をする。挨拶やジョークには、イタリア語やスペイン語も挟み込み、言葉で遊ぶことで親愛や互いの文化を認める気持ちを表す。

ここまで複雑ではないが、日本のオフィスで使われる英

語にも、日本語と日本文化が強く影響を与えるし、他の言語を母語とする人がいれば、さらに多様な言語の影響がある。

たとえば上司がフランス人になった大仏さんが使う英語には、日本とフランスの言葉と文化が強い影響を与える。しかも英語の会話にこの2か国語が状況に応じて柔軟にはさみ込まれ、ときに言語そのものが切り替わる。フランス人の上司との会議は原則英語だが、日本人同士がちょっと日本語で相談することもあるし、上司がフランス本社とフランス語で相談することもある。フランス人が中座すれば、即座に日本語に切り替わる。日本人だけの日本語の会議でも、事業計画や製品情報など英語の資料を使って議論をするときは、多くの英語の用語や表現が入り、英語混じりの日本語になるだろう。一方、大仏さんが、フランス人と英語で日本人顧客について話すとき、「根回し」や「本音と建て前」など、日本特有のビジネス日本語が混じった英語となりそうだ。

さらに、大仏さんが英語で話すとき、無意識に日本企業特有の約束事に囚われて上司との関係や仕事の評価基準などを判断してコミュニケーションをすることが多い。しかし、すでに大仏さんが経験したように、英語の会議で初対面の相手と何を話すか、誰がいつ発言するか、何をどう決めるかなど、大仏さんと上司の期待は違っていた。これは日本とフランスのビジネス文化の違いが色濃く投影されているのだ。

つまり、ELFのコミュニケーションは、単に英語が多様なだけでなく、英語の背後にさまざまな言葉と文化の影響

がある。ELFのコミュニケーションは、他の言語から切り離されてはいない。ELFは世界のマルチリンガルの多様性の中にうめこまれ、常に潜在的に参加者たちの母語が織り込まれている[3]。こうした多言語の影響が反映される英語は、従来のネイティブを目指す英語では、ルール違反や邪道な英語の使い方だ。しかし、ELFのコミュニケーションでは、お互いに、わかりやすく効率的に、そして感情を豊かに表すために必要な選択肢だ。

特徴4・偶発的で、流動的で、柔軟な英語

　ELFでは、世界のさまざまな国から来た人々が世界のどこかで出会い、それぞれの「世界の英語たち」を使ってコミュニケーションをする。しかも、その英語のレベルも不均一で、英語には出身国の母語や文化が織り込まれる。その場に居合わせた人とのたまたまの組み合わせで、英語の使い方が変化する。ELFのコミュニケーションはこのように、偶発的で流動的なので、予想がつきにくいし、その場で思いがけない英語に遭遇することもある。多様な英語が混ざれば、わかりにくいことも多い。そこで、柔軟に、相手と「すり合わせ」て英語を使う必要がある。

　たとえば、「世界の英語たち」のひとつとして日本人の英語を考えよう。日本人は、RとLを混同するとよく指摘される。日本語には、Rの発音がほとんどないので、RとLを聞き分けられず、多くの日本人は、違うと知ってはいてもRとLを区別して発音できない。Lの音で英語のRを発音すると、たとえばrice（米）をlice（虱）だと誤解を招くと言われたりする。

これは致命的な問題だろうか。確かにRとLで誤解が起こることはあるだろうが、ELFの現場では、互いに「すり合わせる」ことで、大きな問題にならないことが多い。

多様な英語にある程度慣れている人は、日本人と少し英語で話すと、Lと聞こえても実はRを意図して発音されていることに気づく。そして、聞いている側が、LはRの場合があるぞ、と英語を「すり合わせて」理解する。

和食の紹介をしている日本人が"delicious lice"と言ったら、「おいしいコメのことだな」と思う外国人が多いだろう。「日本人は虱を食べるのか！」と受け取る人は、かなり柔軟性が低いか、いじわるだ。

だから、おいしいコメの話題で会話が盛り上がり、日本人がliceと言い、周りの人がriceと言って、お互いに理解しあっていることがよく起こる。そしてこれを現実に適応して実用的な、成功した英語のコミュニケーションだとELF発想では捉える。

文法的にも、ノンネイティブの多くが、標準とは違う英語を使うことがある。

たとえば、yesterdayと話しはじめたのに、現在形で話を続けるのはよくあることだ。この場合、聞き手は、yesterdayという言葉を聞いているので、「あ、過去の話だな」と察して理解する。もし混乱したら、聞き返す。"Did you mean you went out yesterday?"のように。そして、その文法の間違いはあえて指摘しない。ELFの会話の録音データを分析すると、コミュニケーションに小さい「行き違い」が起きて理解が断絶したとき、お互いが自然発生的に察しあい、協力し、その小さい故障を修復することが多く

報告されている。

つまり、話していて、相手がわかっていないと思ったら言い直す。自分が理解できていないと思ったら、聞き返す。相手が英語に慣れていない、あまり語彙を知らないと思えば、やさしい語彙を選びゆっくり話すなど、相手の英語のレベルにあわせることも多く観察される。そして、相手の言い方が標準英語と違うと思っても、意味が理解できたらそれで問題解決、特に間違いを指摘することはしない[4]。

この特徴を、個人のELFユーザーの視点で考えると、自分が使う英語を相手の英語力によって柔軟に調整し、変えることを意味する。相手が、標準英語では間違いとなる英語の使い方をしても、他の言語を織り込んでも、コミュニケーションの目的を達成するために察しながら「すり合わせる力」が重要になる。

ただし、現実にはすべてのELFユーザーが互いの理解のために、自発的に察して「すり合わせる」わけではない。この課題は次に考えよう。

特徴5・不平等で不条理な英語

英語を「世界の人々が国境を超える課題を解決するために使う共通語」だと捉えるELF発想には、社会言語学ではさまざまな異論や反論がある。英語がグローバルに共通語として機能する一方で、そこには複層的な不平等と不条理が存在するからだ。世界に広がる「英語格差」に対する批判[5]や、英語への過剰な熱意が生む社会問題も多く報告[6]されている。

そもそも、英語が共通語になった歴史的経緯が、不条理

さに満ちている。帝国主義や新自由主義の社会システムの枠組みの中で、イギリスやアメリカがその強大な軍事力や経済力を行使して他国を支配し、その結果、強者の言葉である英語が世界に広まり共通語としての地位を築いた[7]。この過程で、他の言語を使う人が抑圧され、不利に扱われてきたことも多い[8]。

さらに、英語が世界中で共通語になったと言っても、実際には、現時点で世界人口の約20―30%が英語を使うにすぎない。つまり世界の70―80%ぐらいの人は共通語である英語を使えない。仮に英語がグローバル社会に参加するのに必須の共通語とすると、世界の大部分の人はグローバル社会の恩恵を受けようにも、入口で締め出される。

英語を使う人々の中でも、英語の身につけやすさには大きな差がある。英語を母語とするネイティブは、全体の約4分の1にすぎないが、彼らは日常的に英語を使い、この母語を世界中どこに行っても共通語として使える。ほとんどの英語圏は先進国だから、英語が共通語として機能することで、すでに恵まれた環境にいる彼らにさらなる優位性をもたらす。

残りの4分の3はノンネイティブであり、母語に加えて英語を学ぶ苦労を経験するが、この英語を学ぶ環境も大きく違う。生まれた国、家庭環境、経済状態によって、英語を学ぶ機会や環境は異なる。日本のように義務教育で英語を学べる国も多いが、公教育では英語を学ぶ機会が限られ、独力でしか英語を学べない環境の人もいる。学力一般が家庭環境と強い相関性があることは広く知られているが[9]、英語も同じで、豊かな家庭の子ほど、留学したり、英語教

材を購入したり、英語学校に通ったりするチャンスが多い。日本でも、経済的に余裕があったり、英語を使う人が周囲に多かったりする家庭環境のほうが、英語力をつけやすい傾向が明らかだ。

要するに、英語力は個人の努力や才能にも依存するが、それ以上に、生まれた国や地域、家庭環境、育ち方が大きな影響を与える。個人の英語学習の環境は個々人によって大きく違い、英語力は多分に運に左右される。しかし、英語のコミュニケーションの現場では、英語を学んできた環境が大きく違うにもかかわらず、英語力が高い人が優位に立ちやすい。言語力が高ければ思いのままに英語を話し、自分の考えを主張し、相手を説得し、その気になれば、巧みな言葉で相手を圧倒できる。つまり、言語力は力関係の源泉であるため(10)、不平等な英語が共通語となることは、国境を超えたグローバルなコミュニケーションにおいても不平等をもたらす。

こうした現実があるから、「ELF発想ではすべての英語使用者が、ネイティブかノンネイティブかに関係なく平等と捉えるべきだ」と説明すると、それは理想論にすぎないと反論が出る。英語を共通語と定義すること自体が、英語をめぐる世界的な不平等や不条理を肯定し固定化すると批判を受ける。

ELF研究者として、私はこの批判を真摯に考え、共通語としての英語の不平等さや不条理さを注意深く認識し、少しでも改善する道を探りたいと思っている。

一方で、私たちは、いかに不平等や不条理に満ちていてもその現実を生きていかないといけないとも考える。実際

のところ、グローバル時代に多言語をつなぐ共通語がないと、意思疎通が非常に難しい。さらに、英語に代わるより良い世界の共通語となる言葉は思いつけない。

中国語は英語に次いでユーザー数が多い言葉だが、全世界の人が中国語を共通語として使うことは考えにくい。英語のアルファベットは漢字より多くの人にとって圧倒的に学びやすいし、英語は中国語にくらべて特定の国の影響がはるかに薄い。英語は共通語として数多くの欠陥があっても、現実的には最善の選択だろう。将来、英語の共通語としての位置づけが大きく変わるとしたら、それはテクノロジーが多言語を難なくつなげるときだろうと私は考えている。

このように英語が共通語として使われる現実にあって、ELF発想は完璧とは程遠いが、力強い一歩前進だと思う。英語を学ぶすべての人が、「ネイティブのように話すことを目指すべきだ」「アメリカ・イギリスの英語だけがモデルだ」と従来の英語観に固執すれば、英語の不平等や不条理はさらに強まるからだ。

どんなレベルの英語を使おうが一人前のELFユーザーとして平等に扱われるべきだという考え方は理想論かもしれないが、不平等を減らすための推進力になる。世界に人種差別が満ちている現実があっても、いや、あるからこそ、人種の平等を考えるのが重要なのと、同じだと思う。

だから、私たち、英語を使うひとりひとりも、この問題を考える必要があると思っている。自分より英語力が低い人や英語を間違って使う人がいても、批判せずに相手の立場に配慮し、協力して英語をすり合わせて使いたい。英語が訥々(とつとつ)としていても、少し余計に忍耐をもって丁寧に聴き、

その人の伝えたいことを理解しよう。言葉に詰まっていたら、そっと、適当な英語表現を提案してもいいだろう。自分もかつてはこんな苦労したなと思い出し、その人が会話の輪に入れるように心を配ろう。

一方、自分が思い通りに英語を使えなくても、自分の英語にダメ出しをしたり、恥だと思ったりせず、勇気を出して英語を使いたい。できるだけ心に余裕をもって落ち着いて話そう。ただし、同じことを繰り返したり、不必要に長く話したりして、周りの人の時間を取りすぎないようには心がけたい。

稀に、英語力を笠(かさ)に着て圧迫してくる人がいれば、間違っているとはっきり言いたい。より微妙に英語力を利用して優位に立とうとする人がいれば、押し返す知恵をもちたい。私たちは、より多くの人が参加しやすい共通語としての英語を目指し、ELF発想を取り入れて英語を使っていきたい。

私自身、長い間英語を使ってきて、不平等で不条理な英語を恨んだり、悔しく思ったりすることが多かった。読者も、そうした経験をたくさんしてきたかもしれないし、これからもめぐりあうだろうと思う。だからこそ、ELF発想が私たちの力になると考えているし、その思いが本書を書く、原動力になっている。

1.3 ELF発想の英語力をつける5つの「作戦」

ここまで、ELFとはどんな英語かについて5つの特徴をまとめた。イギリスやアメリカなどの母語としての英語と

はかなり違うことを知ってもらえたと思う。それでは、考えを切り替え、ELFとして英語を使うことを目指すなら、どう英語を学べばいいかを考えよう。ネイティブに近づくことを目標としてきた従来の英語学習と違う学習方法があるだろうか。ノンネイティブならではの、ELFの考え方を取り入れた効果的な英語学習をするには、どんな作戦を立てたらいいだろうか。

作戦1・どう英語を使うか、具体的にイメージする

ELFの第一の特徴として、「コミュニケーションの目的をかなえる」ことを優先し、内容重視で実用的だと述べた。

だから、ELF発想の勉強法の最初の作戦は、英語を使って、どんなことを、どんな場面で、誰に伝えたいかをできるだけ具体的に考え、はっきりとしたイメージをもつことである。先の6人のELFユーザーの例も参考にしてほしい。

英語を使いたいイメージを具体的にもつ効果は、2つある。第一に、自分が英語を使う具体的なイメージをもつと、英語を学び続けるための強い動機付けになる[11]。外国語を学ぶ際に「やる気」をどう維持するかは世界共通の課題であり、長く研究されてきている。近年、英語を使って自分が何をしたいかを鮮明にイメージし、そんな「英語を使う自分」になりたいと強く望むほど、自分の「時間と労力」を英語学習に投資し続けられるという研究が進んでいる[12]。

第二に、英語を使ってやりたいことのイメージが明確になるほど、必要な英語力も具体的にわかってくる。必要な英語力が明確になれば、学習の優先順位がわかり、より具

体的な目標や学習計画が立てやすい。「聴く・話す」重視か、「読む・書く」を優先したいのか。どんな内容を、どんな場所で、誰と話したいか。本書の「はじめに」で触れたように、英語の勉強法を相談されると、私はまず、何のために英語を勉強したいか詳しく尋ねるが、これは、英語を使う具体的なイメージをもつことが、英語学習の計画を立てる近道だからだ。

自分が使いたい英語を具体的にイメージするには、周囲の英語ユーザーを観察することから始めるといい。仕事で英語を使っている読者は、ぜひ、英語を巧みに使っている上司や同僚、あるいはビジネスの相手をじっくり観察してほしい。すると、自分が仕事で英語をどう使いたいか、具体的なイメージが湧くと思う。

自分がどう英語を使いたいか、まだはっきりとわかっていない、あるいは、周囲に手本にしたい英語ユーザーがいない場合は、まずは英語を使っている有名人を目標にしてもいい。ネイティブでもノンネイティブでも構わないので、気に入った英語ユーザーを見つけて参考にする。たとえば、ニュースや動画で見かける説得力のある英語で話している政治家や、注目している業界のリーダーや若手起業家などはどうだろう。英語を使って活躍している憧れのノンネイティブのセレブリティを手本にしてもいい。その人の英語を観察し、その英語が好きな理由を分析し、話し方を真似てみてもいい。

作戦2・必要順で学び、完璧を求めないと割り切る

「英語を使って仕事をしたい」といった明確な目標をもっ

て英語を勉強するとき、英語はその目的をかなえるための「ツール」である。だから、その目的達成に必要な英語力から、必要順に学ぶのが効果的だ。

目標が漠然としているまま考えると、英語力は高ければ高いほどよいと考えがちだし、弱点はないほうがいいと思う。多くの英語教師も、英語の専門家としてそう考えて教える。しかし、英語を学ぶ人の大部分は、英語の専門知で勝負する「英語の専門家」になりたいわけではない。仕事、家庭、趣味と忙しい毎日で、英語に割ける時間とエネルギーは限られている。生活全体のバランスを考え、仕事の専門力を磨く時間も確保しつつ、英語力を伸ばしたい。だから、想定されるあらゆる場面に備えた英語力を身につけることはできないし、そうすべきだと考える必要もない。

すでに述べたように、個人の「言葉のレパートリー」は複数の不完全な言葉の集合体であり、個々人の言語力は不均等で、その言葉を使う場面に必要な部分だけが発達する。そのため、私たちが英語力が不足する場面に遭遇するのは当たり前だし、強力な母語である日本語を援用し工夫しながらコミュニケーションすることも可能である。

だから、ELF発想の英語の勉強では、必要順に英語を学び、必要順に英語のスキルを伸ばす。「すぐに必要」な英語力を伸ばすことに、時間と労力を集中する。すぐには使いそうもない、重要度が低いスキルはあとまわしにし、当面はやらないと割り切っていいのだ。

視点を変えると、完璧は目指さない。英語に弱い部分があるのは自然と受け入れ、当面使うかどうかわからない「漠然とした弱点」を補強するよりも、まず必要な部分や

現在使っているスキルの向上に集中して時間とエネルギーを使う。

作戦3・怖がらずに英語を使い、必要なスキルは足す

「必要順で英語を学ぼう、自分の英語力に足りない部分があってもいい」と割り切ったら、今もっている英語力でコミュニケーションを始める。当然、できないことがあり、失敗したと思うこともある。

それでも、英語力が足りないなりに工夫して英語を使い続けていると、自分のもっている知識を使いまわしその場でコミュニケーションを成立させるための英語の運用能力がついてくる[13]。「はじめに」で紹介した、長年英語で仕事をしてきた方の言葉をもう一度借りれば、「まずプールに飛び込もう」が大切だ。水を怖がってプールサイドでいくら練習をしても、泳げるようにはならない。

英語を使う不安

ただ、英語力が不十分だと思いつつ英語を使うのは、不安だし、失敗が怖い。この不安な感情を言語学では、anxietyとよぶが、外国語を使うとき、程度の差があれ、世界の人が共通して抱く思いだ。「周りの日本人が自分の英語をどう思うか」「失敗して恥をかかないか」「相手に不快がられないか」と不安の連続だ。

この不安が、自分の英語はダメだと決めつけたり、もっと上達するまで待とうと英語を使うことを先送りしたり、英語を使う場面を避けたくなったりする原因になる。先に紹介した、シンガポールの星野さんやデザイナーの伊丹さ

んも、英語を使うのが不安で怖く避けたいと感じている。しかし、いくら英語の知識を蓄積しても、実際に使わないと、英語が使えるようにはならない。つまり、使う経験を通して英語を使う力は伸びる。そのため、どんな英語の達人も、英語を使いはじめた初期にはこの不安な気持ちを抱え、自ら背を押してその壁を乗り越えてきたのだ。

使う経験から学ぶ

そして、英語を使いはじめたら、不足している英語力を積極的に足していくことが大切だ。英語を使いながら英語力を伸ばしていくには、経験学習理論のフレームワークが役立つ。「はじめに」で述べたように、「経験学習」[14]は経験を積むことでより良く学ぶ哲学であり、職場のオン・ザ・ジョブ・トレーニングや、高等教育、大人の学びに、広く応用されている。

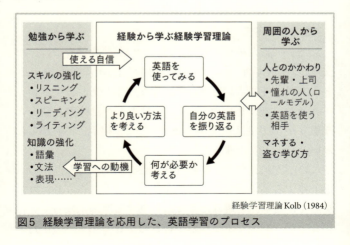

経験学習理論 Kolb (1984)

図5 経験学習理論を応用した、英語学習のプロセス

第1章　ELFユーザーとして、ELF発想を考える

　図5で示される「英語学習のプロセス」で説明しよう。中央部分が基本となる「経験学習のサイクル」である。英語を使って、その経験を振り返り、より良い英語の使い方を考え、調べ、次回に備える。次に英語を使う機会には、より良い方法を試し、再び振り返り、さらに良い方法を探る。このサイクルを繰り返す中で、より効果的な英語の使い方を身につけ、英語力を伸ばしていくことができる。

　仕事で英語を使うELFユーザーの経験談から英語の学びの軌跡を分析すると、経験学習のサイクルに加え、学びを支援する2つの重要な要素があることがわかる[15]。

　図5の右側は、「周囲の人からの英語の学び」を表している。自分の使っている英語を自分で評価するのは難しい。そこで、英語を使っている先輩や英語の達人などからアドバイスを受けたり、指導したりしてもらう。また、自分より英語がうまい人を観察してくらべ、自分がうまくできていない部分を見つけ出し、周りの人から盗みとれることは真似る。

　図の左側は、「英語の自主的な勉強からの学び」である。英語を使っていて、足りない部分やうまくできていない部分は意識して勉強して補強する。聴き取る力が弱いと思えば、リスニングを強化する。仕事の専門用語が弱いと感じれば、専門用語をリストアップして覚える。ここで言う弱点は、目的達成のために必要な英語力の弱点であり、作戦2で論じた「漠然とした弱点」ではない。

　一方で、英語を使う経験を積んでも、英語力の伸びを感じられないと振り返るELFユーザーもいる。その多くは、英語を学び続けようとする意識を途中でなくしてしまった

ようである。実際、「英語はこの辺でいいや」と思って英語を勉強する努力をやめたら、英語力は伸びなくなったという経験談も何度か聞いた。経験を通して英語力が伸びると言っても、学び続ける気持ちを失い、学びの努力をやめてしまうと、英語を使っていても英語力は大きく伸びないのだろう。

　英語を今すぐ使うのは怖いし、嫌だと思う方もいるだろうが、こう考えてみてはどうだろう。確かに、現在の自分の英語力は完全ではない。しかし、数年間かなり時間をかけて学校で英語を学び、基礎知識は身につけている。自分の英語力のダメさを考えるより、まずは今の英語力を使ってみよう。使ってみれば、その経験を振り返りつつ、さらに英語力を伸ばすことができる。使いはじめなければ、状況は変わらない。こんなELF発想に切り替えてはどうだろうか。

作戦4・マルチリンガルの複合的な力を総動員する

　ここまで、必要順で英語を学び、今ある力を使って英語を使いはじめることを提案した。英語力が足りないときは、日本語を援用すればいいと割り切り、マルチリンガルとしての複合的な言語力を使うことが可能だと説明した。

　そこで、ここでは、複合的な言語力を使う具体的な作戦を考えよう。たとえば、日本語を母語とする英語ユーザーは、英語を使いながらどのように日本語を援用するといいだろうか。日本語に素早く翻訳しながら英語を使うのだろうか。英語脳は必要ないのだろうか。

　結論から言うと、ELF発想とは英語脳を目指すのではな

第1章　ELFユーザーとして、ELF発想を考える

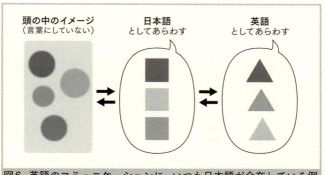

図6　英語のコミュニケーションに、いつも日本語が介在している例

く、マルチリンガル脳を鍛えることだと、私は考えている。マルチリンガル脳とは、複数の言語力をある程度は切り離して使いながらも、必要なときには他の言語力を援用する、そんな柔軟な言語力の使い方だ。すでに説明した、複数の言語の「言葉のレパートリー」を柔軟に使いまわす、マルチリンガルならではの能力である。

図6で説明しよう。毎日ほとんど日本語だけを使い、ごく限られた時間で英語を学ぶ人は、英語だけで思考し伝えるのは難しい。だから、英語を話そうとすると頭の中に浮かんだイメージはすぐに日本語になり、その後に英語に訳すことになりがちだ。同様に英語で聴いたり読んだりして吸収した情報は、いったん日本語に訳すことで理解したくなる。図がそのプロセスを示している。左側の頭の中のイメージは、常に真ん中の日本語が介在してから、右側の英語に翻訳される。

この方法には2つの大きな欠点がある。まず、日本語を常に介在させると、自然なスピードで英語を使えなくなる。

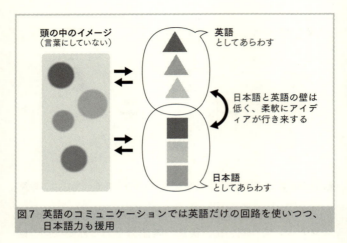

図7 英語のコミュニケーションでは英語だけの回路を使いつつ、日本語力も援用

特に、聴いたり話したりする際に日本語を挟んで英語を理解していたら、時間がかかりすぎてしまう。さらに日本語と英語は言葉としては構造が大きく異なり、語順や表現方法に違いがある。そのため、日本語を経由して作られた英語は不自然になりがちだ。

そこで、できるだけ日本語を介在させずに、頭の中のイメージを直接英語に結びつけてアウトプットやインプットをしたい。図7がそのプロセスで、左側の頭の中のイメージは直接英語とつながり、英語だけで反射的に理解し素早くインプット・アウトプットする。日本語が介在しない、英語だけのコミュニケーションの回路になる。

しかし、その英語だけの回路で処理できないことも多い。そんなとき、頭の中で無意識に日本語が助っ人として働く。たとえば英語の会話中に、適切な英単語が浮かばないとき、無意識に「あれ、この気持ちをうまく説明する英語は何だ

ろう」と、日本語で考えている。英語が聴き取れないとき、「え、今なんて言った？　聴き取れなかったけど、文の流れから言って「うれしい」という意味だろうな」と日本語で推測する。英語力が不足して英語の回路の中で解決しきれないと、素早く、そして多くの場合無意識に日本語が助け舟を出す。

　もう一度、図7を見ていただきたい。日英のバイリンガルには、英語の回路とは別に、その下部に描かれたように、日本語の回路も存在する。この2つの回路は「反射的な言葉のやりとり」では、それぞれに独立して機能する。しかし、この回路の垣根は低く、たとえば単語がすぐに思い浮かばないときには他の回路から単語を借りてきたりする。海外での仕事が多いビジネスパーソンの日本語にカタカナ単語が多用されるのも、日本語を話しながら英語の語彙を援用しているからだ。

　さらに、多くの人は、頭の中の深い思考を、直観的に自由自在に使える言語で行う。私たちの場合、日本語がこの役割を果たすことが多い。その例を紹介しよう。長年英語を使って仕事をし、英文の書類を膨大に読んできたあるベテランのELFユーザーは、仕事に必要な英語の書類はほぼ辞書を使わずに読み、基本的に日本語に訳すことなく理解する。しかし、英語で読みながら、日本語で独り言を言うことがよくあるそうだ。英語の契約書を読んでいて、「あ、これはちょっと問題がある」「こっちは、再確認が必要だぞ」と頭の中で小声の日本語でつぶやいている。英語で読み、英語で理解していても、その内容についての深い思考は、日本語でやっていると思うと言っていた。

別のベテランELFユーザーは、重要な仕事のプレゼンを準備するとき、最終的なプレゼンは英語でするにしても、日本語でがっちりと構想を練るそうだ。日本語で考えながら最善の内容を考えて整理し、その後、英語として説得力のある「英語らしい構成」にするために、さらに日本語で考える。そのとき、重要な単語やコンセプトは、英語のキーワードをそのまま使うが、論理の筋道は日本語で検証する。自分の英語力で考えるのでは「考えが浅すぎる」からだろう、と説明してくれた。

　日本語で行う深い思考が果たす役割を、図7の右側の双方向の矢印で表してみた。日本語と英語の独立した回路の両方を背後で強く支え、ときにこの2つの回路をつなぐ。

　人間の脳の働きや言語システムは複雑で、わからないことが多いし、個人差も大きい。しかし、複数の言語を使う人は、表面的に使用している言葉が違っても、深いレベルの知的スキルや知識はどの言葉でも共有していることは、言語学の研究で繰り返し実証されている[16]。たとえば、日本語の読書力が高い人は、英語の読書力も伸びやすい。日本語の読書で養った「読むスキル」を、英語の読書にも応用するからだ[17]。

　実際、本書の読者のみなさんは、英語を学ぶためにすでに日本語力を援用している。素早く読めて感覚的に理解しやすい日本語を使って、英語の勉強法を考えるために本書を読んでいるのだから。

英語脳は存在するか

　最初の質問に戻ろう。英語脳は必要なのか。私の結論は、

第1章　ELFユーザーとして、ELF発想を考える

英語学習の目標は「英語脳」ではなく、強靭（きょうじん）な「マルチリンガル脳」を鍛えることだと、すでに述べた。

実は、日本で頻繁に聞く「英語脳」という言葉を、私は言語学や英語教育学の専門家の研究論文などで読んだ記憶がない。今回改めて学術データベースを使って英語で検索したら、韓国の研究者の論文を1本見つけた。韓国で"English Brain"という言葉が広く使われているので調べたが、科学的根拠がわからない「英語の商業的教育プログラムの宣伝に使われ、権威をもつようになった俗説だった」と結論づけていた(18)。おそらく「英語を母語に逐語訳しながら使ってしまう悪習」をやめさせるために、わかりやすいイメージを伝えようと作られた言葉だ。

しかし、「英語脳」が独り歩きすると、あたかも英語だけですべての言語活動が完結する英語の回路が実現できるイメージを与えかねない。しかし、この英語だけで完結する言語力は、英語だけを使うモノリンガルの言語力のことで、ELFユーザーの現実とは明らかに違う。ELFユーザーのマルチリンガルならではの「言葉のレパートリー」の中の、最も強力な大黒柱である母語を、英語に援用する可能性を否定してしまう。

大学の授業で「あなたの日本語力を100としたとき、あなたの英語力をどれぐらいと評価しますか？」とよく聞く。漠然として主観的、全く非科学的な問いだが、ざっくりとした感覚で答えてもらう。学生はそれぞれ違う英語観をもっているが、多くが自分の英語力を日本語力の10%から60%と評価する。英語力が流暢でも、日本語とほぼ同じあるいは100%と言った学生はまだいない（大学の英語のクラ

スだから当然だ。英語のほうが得意だったら、英語の授業は免除される)。次に、その「弱小な」英語力だけで、自分の知的な潜在力を最大限に発揮できるかを考えてもらう。すると、英語力に加えて日本語力も総動員して総合的に使うマルチリンガル脳が必要だ、と学生たちは納得する。真剣な仕事には全知力を駆使する必要があり、最高の仕事をするには、マルチリンガル脳を総動員する必要があるだろう。

繰り返すが、マルチリンガル脳とは、英語を使う際に常に日本語の回路を経由することではない。英語だけで反射的に機能する「英語の回路」をしっかり作り、頭の中に浮かんだアイディアを、日本語を経由せずに迅速に英語にする訓練は大事だ。そのために、授業では面白い写真をスクリーンいっぱいに映し、ペアになって、頭に浮かぶアイディアを英語で弾丸のようにどんどん言う練習をしたりする。

また、複数の言語をどう複合的に使うかは、個人によって違う。日本語と英語のバイリンガルでも、英語力と日本語力のバランスは個人によって違い、もちろん深い思考で、英語を主に使う人もいる。英語と日本語を徹底的に切り離し、複合的に使わない人もいるかもしれない。

作戦5・どう伝わるか、相手の文化を考える

ELFユーザー、特に仕事の目的を達成するために英語のコミュニケーションをする人は、情報を正確に交換するだけでなく、相手と良好な関係を築くことが重要である。そのため、自分の英語表現を相手がどう受け取るかを丁寧に考える必要がある。相手は自分の意図をわかってくれているか、誤解していないか、不快に感じていないか。同様に、

自分も相手の意図を正確に理解しているか。このように「相手にどう伝わるか」を考えて英語を使うには、コミュニケーションの文化に配慮する必要がある。

コミュニケーションの文化

コミュニケーションの文化とは、具体的にどのようなものだろうか。

たとえば、親しくない人から、スポーツ観戦や美術館に誘われたとき、全く興味がなく行きたくないと思った。興味がないとはっきり言うか。はっきり言うのは失礼か。「とても残念だけど、時間の都合がつかなくて行けない」とやんわり断れば、相手に不快な思いをさせずに興味がないと伝えられると思う人もいる。一方で、それを聞いて話し手の意図を誤解し、本当に残念に思っていると解釈する人もいるだろう。別の機会を設けても何度か断られ、「あ、実は行きたくないんだ」とやっとわかる。そんな人は、自分なら率直に興味がないと言うのにと違和感を覚え、はっきり言わない相手を、心を開かないよくわからない人と感じるかもしれない。

個人のコミュニケーションのやり方の背後には、それぞれの人の考え方や信念、規範、価値基準などがある。この目に見えない、漠然として抽象的な、コミュニケーションの価値判断の基準を、本書では「コミュニケーションの文化」とよぼう。この文化は、各個人の母語や出身国や地域、信仰、教育、社会的背景、家庭環境、仕事の経験などを通し、それまで出会ってきた人々との関わりの中で培われる。断り方が人によって異なるのは、断る方法を学んできた環

境が違うからだ。ELFのコミュニケーションでは大きく違う環境で生まれ育った人と話すことが多いだけ、顕著な文化の違いが英語の中に潜んでいることが多い。異なるコミュニケーション文化をもつ相手なのに、同じ解釈をしているはずと思いこんで英語で話すと、誤解を生み、ときに不信感につながりかねない。

英語でコミュニケーションをする際に、文化の違いを考える重要性は、繰り返し指摘されてきた。従来の、英語を学ぶ目標を「ネイティブ英語」とする考えでは、英語のコミュニケーションはイギリスやアメリカの文化にあわせるべきだとされた。しかし、この考え方はそもそも複雑な文化を単純化しすぎていると批判されている。「個人の文化は出身国によって決まる」という考えは疑問視され、「英語を使うなら英米文化を真似るべきだ」という常識はELFの現実と合わない。

出身国のステレオタイプ

個人をその出身国の文化で性格づけることを、私たちはやりがちだ。国の文化の比較は国際的な場でよく耳にする話題である。人々は、ユーモアを交えて国の文化をくらべ、ときには不満や偏見を表す。この「アメリカ人はこうだ」「タイ人だからこんなはずだ」のような、人と文化を単純に決めつける考え方を、英語でStereotype、ステレオタイプとよぶ。ステレオタイプは広く使われるが、多くの文化研究者が、個人を出身国のステレオタイプで判断することの問題を指摘する[19]。

たとえば、以下の日本人の文化を説明する記述を、自分

第1章 ELFユーザーとして、ELF発想を考える

に当てはまると感じるだろうか？

「日本人のコミュニケーションの表現は間接的で、相手への敬意や礼儀のため否定的な返答を避ける。日本人は、感情を表さない傾向があり、沈黙が多い」[20]

「全くその通り」と思う人もいれば、「いつの時代のことだ」「人によるね」「そういう人もいるけど、自分は違うぞ」と、反応は人によって違うだろう。これは、日本人でもさまざまなコミュニケーション文化をもつ人がいるからだ。「個人の文化」は、その人が育った家庭や学校、職場で共有される価値観に影響を受け、変化する。だから、人生の時の流れと経験の積み重ねの中で、個人の文化は変わっていく[21]。また、相手や場所によって、コミュニケーションのやり方を使い分ける人が多い。だから、国の文化にまつわる単純なステレオタイプで人を判断してはいけないというのが、現在の研究者の常識だ。

ただ、私はしばしば、「日本人のステレオタイプ」を聞いていて、思い当たる節があると思う。たとえば、日本人は恥ずかしがりだ、"Japanese people are shy."という言葉を、国際会議や英語のディスカッションの場で何度も聞いた。外国人が言うことも多いが、日本人も言う。質問が出なくて沈黙が続く会場の間の悪さを埋めるため、「いやあ、日本人は恥ずかしがりなので」と申し訳なさそうに言ったりする。私は、以前はこう聞くたびに、日本人が全員恥ずかしがりであるはずがない、これこそ典型的なステレオタイプの決めつけだと思った。しかし、何度も聞くうちに、日本人が繰り返しこう言われる理由を考えはじめた。

英語を話す場で、「意見を言ってほしい、意見を言うべ

きだ」と周りが期待しているときに、日本人は沈黙していることが多いと私も思う。何がそうした傾向を作るのだろう。学校教育か。日本の会社文化か。いわゆる空気を読む文化だろうか。英語を話す難しさはどう影響しているだろうか。

一括(ひとくく)りに沈黙する日本人と言うが、その中には意見がない人もいれば、意見はあるものの、その場の英語のコミュニケーションの文化がよくわからないので沈黙する人もいる。これらの文化の違いで間違った印象を与えたり、誤解されたりしないようにするには、どうしたらいいだろうか。

こうした問題意識をもって、私は熟練したELFユーザーにコミュニケーションの文化にまつわる経験談を聞いてきた。その結果、ステレオタイプにはそれなりの理由や背景があり、自分のコミュニケーション文化を知り、相手との違いを知るための貴重な手がかりだと、考えるようになった。私たちは、コミュニケーションの文化に違いがあることに気づきにくく、自分の文化の基準で他人を判断しがちだ。だから、自国のステレオタイプに照らし合わせて自分のコミュニケーション文化を把握しておくと、誤解を防ぐのに役立つ。

たとえば、私たちが外国人と英語で話すとき、前述した日本文化のステレオタイプを事前に知っていると役立つ。日本では否定的な意見を避ける傾向があるというステレオタイプを知っていれば、普段日本語では意見を言わない場面でも思い切って発言したほうがいいのではないか、と思うことができる。同様に、英語で話す相手のコミュニケーション文化を察するには、その人の出身国のステレオタイ

プをヒントにできる。日本文化のステレオタイプを予め知っている外国人は、日本人が黙りがちでも、この人は意見がないのではなく、意見はあるが言わないだけかもしれない、と考えることができる。ステレオタイプを雑な決めつけに使わず、偏見の言い訳にしないように自ら戒めつつ、文化の違いを探る出発点としてステレオタイプを参考にする。その上で相手を丁寧に観察することが、異文化理解の現実的な作戦であると思うようになった。

ELFと文化

　もうひとつの常識「英語のコミュニケーションは、英米文化にあわせる」という考えは、さまざまな国から来る多様な文化をもつ人々の共通語であるELFには馴染まない。日本人とインドネシア人とエジプト人がELFのコミュニケーションをしている場で、アメリカ人がいないのにみんなでアメリカ文化を模倣する必要はないだろう。では、ELFの多様性の中で、効果的なコミュニケーション文化をどう見つけたらいいだろうか？

　実は、この問いに対する万能の正解はない。ELF発想は、アメリカやイギリスの母語をモデルにしないので、これらの文化を規範にしない。しかし、ELFに文化的な要素がないわけでも、文化的に中立なのでもない。むしろ、参加者のもつ文化が、その場の状況にあわせて、複雑で流動的な影響を与えるのがELFの特徴である[22]。

　ただ、この説明は抽象的すぎる。その場にいる人々の文化がすべて影響するなら、自分の文化と他のさまざまな文化が混在する中で、どう最善のコミュニケーションの方法

を見つけるといいか具体的な方法を知りたい。研究者の間で定説はないが、現場の観察やELFユーザーの経験をもとに判断すると、ELFがネイティブの文化を規範にしないとしても、実際にはアメリカやイギリスの英語圏の文化が強く投影されることがわかる。これは、英語を勉強する際に、多くの人が英語圏の文化をいっしょに学ぶからだろう。

　私がELFコミュニケーションをする際には、まず、過度に日本的な文化で判断しないように心がけている。代わりに、大枠としてはアメリカやイギリスのコミュニケーションスタイルを参照しつつ、実際の会話の中でその場の状況や相手を観察し、自分のコミュニケーションを調節していく。ELFにおけるコミュニケーション文化には決まった万能のスタイルはなく、その都度、その場に応じて変化する。私たちは、多様な文化の違いを敏感に感じ、英語表現に反映することを作戦としたい。

　文化の違いを越えてコミュニケーションをする方法には、多くの研究があり本書では詳しく触れないが、この複雑な文化の議論を理解しやすくするため、私はELF発想で英語を学び、使うときの作戦をこう提案する。

①ELFでは、その場にいる個人すべてが、それぞれ異なるコミュニケーション文化をもっていることを考える。自分の文化だけで判断しないように注意する。
②基本的には、参加者のすべての文化を平等に尊重する。常に、自分と相手の文化や視点の差異に配慮する。
③しかし、個々の文化の違いが大きいと互いの理解が難しい。そのため、全員がある程度知っている米英文化を参

照し、コミュニケーションを図る。ただし、適切さの判断は必要だ。たとえば、"Hey guys!"というくだけたよびかけはアメリカでは一般的な挨拶だと思っても、その場に適しているか考える。

④米英文化を参照してコミュニケーションをしながら、相手の文化を観察する。相手の誤解を招かないように、不快感を与えないように、その場に最も合った文化を作っていく。

また、一見矛盾するが、彼我の文化の相違点を観察していると共通点も多く見つかるだろう。たとえば、先に挙げた断り方の違いの文化も、率直に話してみれば、違う断り方の背後に相手に不快な思いをさせたくないという共通した配慮があったりする。

ELFと文化は、複雑で難しい。しかし、コミュニケーションを通して長期的で良好な関係を作るためには欠かせない視点だ。だから、ELFの第5の作戦は、「どう伝わるか、相手の文化を考える」になる。

● ● ●

ここまで、ELFユーザーの具体例を紹介し、その後、ELFの5つの特徴と、効果的な勉強をするための5つの作戦を説明した。これから、いよいよELF発想の英語勉強法を具体的に解説していく。

第2章 音に浸る──英語の学び方1

　序章でELFについて述べ、第1章では仕事で英語を使うELFユーザーに焦点をあて、ELFの5つの特徴と、ELF発想の効果的な学び方や使い方の5つの作戦を説明した。

　これから、第2章から第5章までは、序章と第1章を踏まえつつ、ELFユーザーとして英語を使うための、「効率的で効果的」と「始めやすくて知的に楽しい」が両立する英語の学び方を紹介していく。各章には、それぞれ「音」「自分のニーズ」「相手との関係性」そして「テクノロジー」と学び方のテーマを設定している。本章では、まず「音」に注目し、発音とリスニングの学び方を提案する。

2.1 伝わる発音

　ELFが発音を含めた英語の多様性を積極的に認めるのに、なぜ発音の練習から始めるのか、その理由は2つある。ひとつは、自分の発音が嫌いだから英語を使いたくないと感じている人に多く出会ってきたからだ。英語の会話では発音が互いの印象に強い影響を与える。そのくせ、学校英語では発音は軽視されがちで、練習方法がわからない、発音練習の本を読んでやってみても続かないとよく聞いてきた。実際、大学で教えていると、英語を口にしたくなさそうな

学生によく出会う。やっと受験英語から解放され、「実践的な英語を身につけたい、もっと英語を話したい」という思いは強いのに、いざ英語を話すとなると抵抗がある。英語の発音に不安があるなら、まずは発音練習から始め、伝わる発音に自信をもち、英語を話すことに安心感をもってほしい。

　もうひとつの理由は、発音の練習が英語の音に浸る最良の方法であり、リスニング力を伸ばすための有効な準備になるからだ。本章でも、発音の次にリスニングの学び方を紹介する。

発音練習は「聴き音読」で

　発音練習の基本は、手本とする英語をじっくり聴き、それをそっくり真似て言う練習である。これを何度も繰り返して練習するために、本書では「聴き音読」を勧める。

　多くの読者が、学校で教科書の本文をCDで聴いて続いて読む、音読をした経験があるだろう。本書の「聴き音読」は、このお馴染みの「音読」に、通訳の訓練で使われる「シャドーイング」の要素を加えた。音読は英語のテキストを声に出して読む練習なので、気軽にできる。しかし、一般的にテキストを読むのが中心で、手本の英語音声への注意は疎かになりがちである。一方、シャドーイングは、テキストを見ずに耳で聴いた音を即座に真似る練習で、発音練習の効果は高いが、難易度も高い。

　両者の要素を併せた「聴き音読」なら、比較的取り組みやすく、発音練習の効果も上げやすい。英語のテキストを見ながら発音するので安心感があり、音を聴きながら何度

も繰り返すので、発音を集中的に訓練するからだ。この「聴き音読」の具体的な練習方法はあとで詳しく説明するので、まずは発音練習の素材の選び方を考えよう。

素材の重要性

「聴き音読」では、素材の選び方が大切になる。「聴き音読」は始めやすいが、そっくり真似できるまで繰り返す単調な練習なので、続けるのが難しい。1－2日はできても、熱意と根気がないとすぐ飽きてしまう。

この「聴き音読」を続けるには、言葉のリズムや意味が心地よく響き、知的にも刺激的な内容の英語の素材を選ぶといい。英語の意味を味わい、言葉に込められた思いを音に表現して楽しむことができる。

演説の勧め

英語として音とリズムに力強さがあり、内容も豊かで面白い素材として、まず演説、speechがある。英語圏の国々では、演説は知的文化のひとつであり、リーダーたちは自らの考えを伝えるための重要な手段として演説を重視する。世界中の有名・無名の人々が、内容を熟考し、表現を吟味して原稿を作り、何度も練習を重ね、情熱を込めて演説を行う。だから、演説は発音練習にとどまらない魅力にあふれている。

そのため、名演説を「聴き音読」の素材にすると、英語のリズムとテンポに加え、感情を込めた話し方を一流の英語の使い手から学べる。演説の動画はインターネット上に無尽蔵にあり、個々の興味や関心に重なる素材を選べるの

もいい。好きな人や憧れの人の英語演説の動画から、特に気に入った一節の50から200ワード、1－2分ぐらいの長さを選び、その部分の動画を繰り返し視聴して「聴き音読」をすると、英語の音に加え、感情や表情も学べて効果的である。

ジョブズの演説

よく選ばれる演説のひとつが、Appleの創業者、スティーブ・ジョブズの有名なスタンフォード大学の卒業式の演説である。特に「人生の点と点をつなぐ」一節が人気だ。

ジョブズは大学を中退した後、偶然見たポスターの美しさに惹かれてカリグラフィー（美しい英文字を書く芸術）を習ったが、この経験が10年後、Macintoshに美しいフォントを入れる思いつきを生んだ。

「人生は、後になってから、それまでの経験の点と点をつないできたのだとわかる。だから、自分のひらめきを信じ、自分の心に従う。その信念が人生を変える」

英語自体は短く難しくない。しかし、ジョブズの思いを汲んで、そっくり同じに発音しようとすると、何度も練習が必要となる。

この一節の英語の原文は、スタンフォード大学が動画といっしょに公開している。動画では4分57秒から始まる30秒間、テキストにすると100語ほどを引用しよう。

英語のスピーチ原文：

Of course, it was impossible to connect the dots looking forward when I was in college. But it was very, very clear

第 2 章 音に浸る──英語の学び方 1

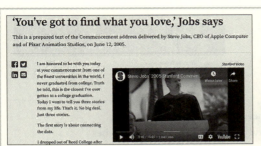

https://news.stanford.edu/stories/2005/06/youve-got-find-love-jobs-says/

looking backwards 10 years later. Again, you can't connect the dots looking forward; you can only connect them looking backwards. So, you have to trust that the dots will somehow connect in your future. You have to trust in something — your gut, destiny, life, karma, whatever — because believing that the dots will connect down the road, it'll give you the confidence to follow your heart, even when it leads you off the well-worn path. And that will make all the difference.

（公開されている原稿のテキストとは違うが、実際のスピーチを忠実に書き写した）

それぞれの読者が自分の心に響く「聴き音読」の素材となる演説を探すには、世界の著名な演説の動画を集めたYouTubeチャンネル、English Speechesを使うのが便利だろう。このチャンネルでは、ケネディ大統領やキング牧師の歴史的な名演説から、話題になったエマ・ワトソンの国

English Speeches
https://www.youtube.com/@EnglishSpeeches

連でのスピーチ、最近の有名人のインタビューまで、多種多様なスピーチが揃っている。動画には大きな字幕が表示され、演説者の顔を見ながら、注意深く声を聴いて発音練習ができる。リンクをたどると、スピーチの英文原稿や、背景情報も確認できる。

ただし、演説は英語コミュニケーションの真剣勝負であり、難しい単語や表現も多く、長いスピーチから気に入った一節を選ぶには、ある程度のリスニング力やリーディング力が必要になる。最初の音読素材としては、やや手ごわいかもしれない。

名言の勧め

そこで、もっと手軽に発音練習を始める素材として、名言、quotesを勧めたい。quotesとは、quotations（引用）の略として広く使われ、誰かの発言から、深い意味が込められた部分を切り取った短い一節を指す。声に出して読み上げるとリズムや響きがあり、表現にも味わいがあるので、朗読の楽しみと発音練習を、短時間で手軽に両立できる。

英語の世界では、quotesがよく引用される。日本語でも

名言の引用はあるが、英語の文章でははるかに多くの小説やビジネス書、雑誌記事などの出だしや章扉でquotesを見かける。quotesを引用すると、発言者が言葉に込めた意味と、引用している人の想いが共鳴し、文章に奥行きを生む。発音練習で多くのquotesに親しむと、英語の世界を深く知る助けにもなる。

英語の名言を集めたYouTube動画や紹介サイトは豊富だが、発音の手本にしやすい音声つきの素材は多くない。この点で、実際に発音練習に使ってみて効果的でお勧めなのは、アインシュタインの名言を読み上げた動画である。アインシュタインの英語のquotesは、短くて力強く、口に出すとリズムが良く、意味もわかりやすい。

アインシュタインの名言

アインシュタインの人生もまた、起伏に富んで興味深く、彼の伝記動画を検索して視聴するとリスニングの練習にもなる。アインシュタインの名言の数々は、その人生を反映して、深い叡智と思いが込められているが、英文は群を抜いてシンプルである。彼の言葉の多くはもともとドイツ語で語られ、それを他の人が英訳して、今日、英語の名言として広く知られているらしい。

英語を「世界の知を共有する共通語」として学ぶとき、多様な言語の叡智を、知られざる誰かの英訳で知るのも興味深いだろう。英語のquotesの世界では、中国の老子や孔子、ギリシャやローマの哲学者など、世界中の思想家の言葉を英訳で読むことができる。これらの名言の英訳者は無名だが、長年こうした思想が英語で口伝され、書き写され、

英語のオリジナルがなかったからこそ、英語の表現が洗練されたのか、読んでいてシャープで味わい深い英文が多い。

アインシュタインのYouTube紹介

アインシュタインのquotesの動画の中でも、深みのある声で感情を込めてゆっくりと35の名言を朗読している動画が「聴き音読」の練習の入口にちょうどいい。

多くのquoteは短く、読むのに数十秒しかかからないから、わずか5分でも、気に入ったひとつの名言を何度も繰り返して練習できる。アインシュタインが思考したテーマは、科学、学び、生き方、社会、未来、と私たちに身近で幅広く、個人の興味や視点によって心に響く言葉は違うだろう。誰もが、自分に言い聞かせたいと思う言葉に出会えそうなほどテーマが広いことも、彼の名言を魅力的な音読

35 Life Lessons Albert Einstein's Said That Changed The World
（アインシュタインの世界を変えた35の名言）
Quotes
https://youtu.be/lhJJsnUORhk

素材にしている。そこで、YouTube動画を使って「聴き音読」をするとき、最初から順番に練習するよりも、まずひととおり聴いてから、ぱっと心に残った好きな言葉を選んで始めるほうが楽しいと思う。ここでは、教員として「教えること」に興味のある私が惹かれた、3つの名言を紹介する。ぜひ実際に英語を発音してみていただきたい。

If you can't explain it to a six-year old, you don't understand it yourself.
6歳の子に説明できなければ、自分でも理解していない。

前半は一気に言って、途中で少しポーズを入れ、後半はゆったりと、don't understandを強めに言ってみよう。前半ではsix-year oldが大事なので強調し、最初のsの音をはっきり言う。sixは日本語のアルファベット読みの「シックス」とかなり違い、xの後に母音のウはない。2回出てくるitは、ごく軽くなっていることも聴き取ってほしい。
動画での再生：0分09秒から

Student is not a container you have to fill but a torch you have to light up.
学生とは、あなたが満たすべき容器ではなく、あなたが照らすべき松明(たいまつ)である。

ゆったりとしたリズムで始め、前半はfillまで続けて言い、少しポーズを入れた後に、後半ではtorchをはっきり言う。その後のyou have toの3語と、light upの2語を、

それぞれつなげて発音する。この文では、後半が重要なメッセージなので、特にtorchを意識して際立たせて発音する。

動画での再生：0分20秒から

Life is like riding a bicycle. To keep your balance, you must keep moving.
人生は自転車に乗っているようなものだ。バランスを保つためには、動き続けなければならない。

軽妙なリズムと、間の取り方が特徴的である。前半は、日本人が苦手なLとRがならぶので、注意深く真似したい。後半のto keep your balanceは音のつながりと流れに注意してリズム良く一気に言い、最後は印象に残るようにゆったりと終わる。LとRの発音は、インターネット上で"L and R, pronunciation"と検索をすると、口と舌の動きや、2つの音の違いの解説が多くあるので、役立てていただきたい。

動画での再生：0分30秒から

どの名言も、短くて意味は明瞭だし、「聴き音読」をすれば簡単に真似られそうだ、と最初は思いがちだ。しかし、10回は繰り返さないと、動画のように感情を込め、印象に残る音読をするのは難しい。特に、日本語と大きく違う音のリズムや強弱を注意して真似ると、効果的な発音練習になる。その一方で、ひとつがごく短いので、繰り返して声に出して練習すれば、誰でもかなりうまく真似て音読でき

るようになる。短時間で上達の手ごたえが実感できるのが、短い名言で発音練習をする楽しみだと思う。

このほかのアインシュタインの言葉も魅力的で、紹介したい名言は多いが、残念ながら本書にそのスペースはない。ぜひ、実際に動画を視聴し、気に入った名言を見つけてほしい。

カーネギーの名言

もうひとつ、ビジネス書の古典『人を動かす』を書いたデール・カーネギーの名言も、わかりやすい英語で深い意味を伝えていて、「聴き音読」に適している。カーネギーの『人を動かす』『道は開ける』の英語の原作は、世界でも有数の歴史的大ベストセラーであり、今日に至るまで広く読まれ続けている。原作の全文を読むのは簡単ではないが、彼の名言を「聴き音読」の素材に選ぶと、短時間で、この古典の重要なメッセージを英語で味わうことができる。カーネギーは1888年生まれのアメリカ人で、今で言う自己啓発、personal developmentの先駆者である。彼の成功の鍵のひとつが、平易で強い言葉遣いだったことは、彼のquotesを読んでいて感じる。そうは言っても、やや長くなるので、アインシュタインの名言の次に音読素材にするといいだろう。

カーネギーの名言は人気があり、インターネット上で数多く紹介されている。ただ、音声つきの動画は少なく、アインシュタインのquotesと同じYouTubeチャンネルの動画が、発音と感情表現の手本に適している。

Dale Carnegie's Quotes you should know Before you Get Old
（若いときに出会いたい、デール・カーネギーの名言）
Quotes
https://youtu.be/uQWWDhMBVCs?si=qzi5Xudde2bZSepP

　カーネギーの名言は、時代的には古いけれど私たちの生活や仕事にそのまま役立つ、「生きている言葉」が多い。

Knowledge isn't power until it is applied.
知識は、使わないと力にならない。

　非常に短く、簡単な単語だけで構成されている。だから、強弱のつけ方、間の取り方、そして音の連結と短縮など、英語独特の発音に注意を集中して練習ができる。isn't の音がカタカナ読みの「イズント」とは全く違っているし、後半の until it is の 3 語が連結しているのも、注意深く真似したい。
　動画での再生：4 分 14 秒から

You can make more friends in two months by becoming interested in other people than you can in two years by trying to get other people interested in you.

他人に興味をもてば、2か月で多くの友人が作れる。その数は、他人に自分に興味をもってもらおうと2年間頑張って作れる友人より多い。

 このquoteはやや長く、注意して発音したい音がならんでいる。friendsのfの音は日本語のフと違い、歯で下唇を押さえ口がすぼまる。monthsのthの音は舌を歯の間に置く。そして、twoのtの音は、日本語のツよりトゥに近い。どれも言葉で説明するよりも、実際に聴いて真似るほうが感覚がつかめて上達が早い。しかも、この文章には、強弱に加え、さっと速く言う部分とポーズを入れる部分、さらにゆっくり言う部分もあるので、英語のリズムを学ぶのに適している。

 動画での再生：0分49秒から

その他の名言音読

 英語の名言は、インターネット上に数えきれないほど紹介されている。昔から今に至るまで、あらゆる哲学者、文学者、政治家から、歌手、スポーツ選手、俳優、ビジネスパーソンまで、読者が思い浮かべるであろう誰の言葉でも、名言として見つけることができそうだ。英語の名言を多く聴き、口に出して言うことで、英語の海に散らばる知的世界を、手軽に広く知ることができる。発音の練習のために

繰り返し音読すれば、英語の名言を体感し、記憶し、やがて話す際に引用したくなるかもしれない。

さまざまな発音練習素材

名言を音読していて、短くて物足りなくなったら、小説や詩、その他あらゆるジャンルの気に入った英語の文章の「聴き音読」にも挑戦してほしい。素材を広げると、違う世界に浸る楽しみがある。個人的には、絵本の音読も好きである。最近はインターネット上で英語の絵本を音読する動画も多いので、好きな絵本を探して「聴き音読」ができる。絵本のせりふは、詩のようにリズムがあり、そのリズムに乗って発音するのは楽しい。子どもといっしょに音読すると、さらに別の楽しみも加わる。

発音のための「聴き音読」練習の時間がない場合でも、英語のニュースなどを聴いているときに、その一部を真似て音読したりして英語の音を声に出すことに慣れると、英語を話すのがずっと気楽になるだろう。

近年は、スマートフォンを使い、ゲームのように隙間時間に手軽に練習ができる発音練習ソフトも増えている。これらのソフトを使って、短い英語の語彙や文を音読して録音すると、標準英語と違って発音している音を細かく指摘してくれる。自分の発音の課題を見つけ、集中的に訓練するのに役立つ。

発音の考え方

ここまで、「聴き音読」をする際の素材選びとその楽しさや効果を紹介してきた。ここからは「聴き音読」の練習

第2章 音に浸る──英語の学び方1

法を詳しく解説するが、まずは発音に対する考え方を整理し、目標を設定しよう。

ネイティブであれノンネイティブであれ、英語の発音に対する考えは人によって違い、ときには感情的な議論になることもある。これは、発音が「意味を伝える」ための実用的なツールであるだけでなく、「自分らしさを表現する」手段でもあるためである。発音には、実用とアイデンティティの双方が反映される。ここで言うアイデンティティとは、自分らしさや、自分がこうであると周りに認められたいという思いを指す。必要を満たすだけでなく、自分らしさや憧れも表現したいと多くの人が感じる点で、発音は、ファッションやインテリアに似ている。

実用的な視点では、ELFにおいては「伝わる発音」が重要であり、ネイティブのような発音は必要ではない。客観的に自分の英語を聴き、聴き取りにくかったり理解されにくかったりする原因を減らし、伝わる発音を目指せばそれで充分である。標準英語と違おうが、クセがあろうが、ELFの多様性を踏まえれば、その人らしい英語と考えていい。

アイデンティティの視点から考えると、発音はより複雑で、ときに矛盾のある感情を生む。ネイティブにできるだけ近い話し方をしたいと願う人は多いし、そのために「ネイティブ発音」を目指して発音練習に熱心に励むノンネイティブもいる。ネイティブのような発音がいいとは思うが、自分なりの発音が現実的と考える人もいる。一方で、序章で紹介した「世界の英語たち」の考え方や多様性への関心が広がる中で、ネイティブの英語にこだわらず、地域ごと

の多様な英語を自分らしい英語と考える人も増えている。つまり、英語の発音に対する考え方は、自分の母語や出身国への想いや、理想の英語のイメージ、英語の発音で不利益を受けていると感じるかなど、多様な要素が入り組んで複雑な感情を引き起こす[1]。

　だから、わかりやすく伝わる発音を目指すことは、すべてのELFユーザーに必要だが、英語の発音に、憧れや自分らしさをどう表現するかは、個人が決めることだ。また、発音を変えるのは容易ではないので、理想と現実のギャップが生じることも多い。発音に対する思いの強さ、その実現のために割ける時間と労力、そして、優先順位によって、読者にはそれぞれの発音の目標を決めていただきたい。

　本書ではELFユーザーのニーズに焦点をあわせ、「わかりやすい発音」で英語の文意を的確に伝えることを目標にするが、くわえて、「思いを声に乗せて届ける」ことも目指したい。コミュニケーションの目的を達成するには、英語の文意が伝わるだけでは足りないことが多い。自分の考えや思いを英語の発音に込めて、相手に感じてもらうことが必要である。さらに、共感してもらったり、説得したりすることが必要なこともある。そうした英語を使うには、聴き取りやすい発音に加え、感情の感じられる「声を届ける」スキルが必要だからだ。

英語の発音の目標と上達マップ

　では、ELFユーザーが必要とする「伝わる発音」と「感情や思いが伝わる声の表現」をどう定義して、どう練習すればいいだろうか。ここで示す図8「英語の発音練習マッ

第2章 音に浸る──英語の学び方1

プ」は、この2つの要素を分解して、効率的でわかりやすく、取り組みやすい順で、発音練習を3つのステップに整理したものである。このマップでは、重要度が高くて練習の成果もわかりやすいStep 1から順に、3つのステップに分けて目標を定義した。

このマップは、複数の発音指導書を参考にして(2)、授業での発音練習のために作り、その後、学生たちの音読課題の録音を聴きフィードバックをしながら、共通する課題と上達の成果を反映してきたものである。

このマップが全体として円形で矢印がついているのは、継続的な練習を長く続け、発音がらせん階段のように段階的に上達していく過程を示しているためである。3つのステップを一度ずつ練習しても、それで完璧にはならない。Step 1から順を追ってひととおりStep 3まで練習をすると、発音に対する感度が高まり、新しい課題が見えてくる。そこで、Step 1からレベルアップをして繰り返すことになる。こうして、この円を何周か、時間をかけて繰り返していく

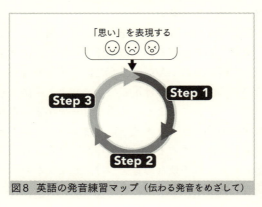

図8　英語の発音練習マップ（伝わる発音をめざして）

ことで、普段話すときも、あまり意識をしないでも聞きやすい発音になっているだろう。

Step 1は、すべてのELFユーザーに重要であり、「意識して練習し、成果を確認したい」目標である。極端な日本語っぽさを減らし、全体的に英語らしく発話することを目指す。意識をすれば、比較的実現しやすく、自分で成果を確認しやすいポイントに絞り、5項目ある。基本なので丁寧に説明しよう。

表1 Step 1

全体的な印象を英語らしくする（日本語っぽさを減らす）
①カタカナ読みをしない
②音にメリハリがつくように口をしっかり動かす
③主要な単語のアクセントをはっきり強調する
④意味のまとまりの語句は連続させて発音する
⑤文の意味のまとまりの切れ目で、少し休む

①カタカナ読みをしない

日本語の発音は、五十音表をローマ字で書くとわかるように、原則として子音のあとには母音が続くが、英語には子音のみで終わる音が多い。子音だけの英語の音に、日本語の音のクセで母音を付け足してしまうと、英語としては奇妙に聞こえる。このように英語をローマ字表記と混同して発音するのが、カタカナ読みだ。まずは、この不要な母音を意識して落とすことで、英語らしい発音を目指す。特に単語の終わりに不要な母音をつけてしまいがちなので注意する。

たとえばI played tennisのplayedの音をあえてローマ字で表記するとPUREIDUになり、このように発音するのがカタカナ読みである。英語には、この表記のpやdの後ろにあるuはない。英語の発音記号の、/pleɪd/（国際音声記号）で確認しても、pとdの後に母音はない。文末のテニスもカタカナ読みをしてしまうとTENISUとなるが、英語では最後は子音sで終わり、母音のuはない。

　日本語で言い慣れている外来語は特に注意が必要だ。ファストフードのMcDonald'sは、日本語では「マクドナルド」とよび、あえてローマ字表記にすると、MAKUDONARUDOと子音と母音が交互にならぶ。しかし、英語のインターネット上の辞典でMcDonald'sを調べてサンプルの発音を聴くと、ローマ字の母音の部分が日本語と大きく違うことがわかるので確認してほしい。母音がない子音もあるし、母音の音が変わったり、軽くなったりしている。McDonald'sは発音記号だと、/məkˈdɑːnldz/（国際音声記号）になる。日本語のカタカナ音そのままにマクドナルドと発音すると、英語として聴き取ってもらえない。

②音にメリハリがつくように口をしっかり動かす

　英語では、日本語よりも口を大きく動かす必要がある。日本語は、口と顎の動きが比較的小さいので(3)、英語を話すときには、口の体操をしているぐらいの感じで、口のまわりの筋肉を大きく動かす。声も、大きめにはっきり発声しようと心がけるぐらいがちょうどいい。

　私自身、一度だけイギリスでネイティブの発音に近づける発音矯正の個人レッスンのトライアルを受けたことがあ

る。どんな方法で発音を変えるか興味があった。最初のレッスンのはじめの5分間は、鏡を見ながらずっと、レロレロと口の中で舌を4方向に動かす練習をして、これを毎日の日課にするように言われ、その過酷さに音(ね)をあげた。日本語を母語とする人は口まわりの筋肉があまり発達していないため、まず3か月これを続けて口の筋肉を鍛えると、英語らしい発音ができると言われたのである。

③主要な単語のアクセントをはっきり強調する

　英単語のアクセントが重要なことは、学校で散々教えられたと思うが、このアクセントを思い出して意識して発音する。ただし、アクセントを強調するのは「意味をもつ単語」、つまり文中で存在感のある単語だけである。「聴き音読」の素材を聴くとき、重要な意味をもつ名詞、動詞、形容詞、副詞などに注意を払い、自分でもこれらの単語のアクセントをはっきり発音する。

④意味のまとまりの語句は連続させて発音する
⑤文の意味のまとまりの切れ目で、少し休む

　この2項目は、同時に意識する。英語では単語ごとに切らず、原則として意味のまとまりは続けて言い、意味の切れ目では短く休んで、ポーズを入れる。

　アインシュタインの「挑戦し続ける限り、失敗はない」というごく短い名言を例に確認しよう。日本語は、トントントンと、均一なリズムで音がならぶので、カタカナ風に英語を読むと、こんな感じがする。

第2章　音に浸る――英語の学び方1

> ● ● ● ● ● ● ●
> You never fail until you stop trying.

この文をこれまでの③④⑤を意識して、文章のまとまりでは一気に読み、意味の切れ目で休み、さらに単語のアクセントを強調すると、たとえばこんなイメージになる。

> ┌─ ╱ ╱∨ ─┐   ┌─ ╱ ╱ ─┐
> │You never fail│ until │you stop trying│

☐は連続して発音する単語群で、∨で間を入れて、╱は、アクセントとして強調することを示す。こうしてStep 1の5項目をすべて意識して発音すると、英語らしいリズムが生まれる。まずは、Step 1で日本語っぽすぎず、誰にでも聴きやすい英語を目指していこう。

Step 2の考え方

Step 1がある程度できるようになった感触が得られたら、Step 2でさらに英語らしい流れを表現しよう。ELFユーザーとしては、Step 2は「意識して練習し、ぜひ成果を出したい」目標になる。

Step 2では、英語らしい流れやリズムを表現するために、文のレベルでアプローチする項目が全部で4つある。①では、文全体の中で特に重要な語句や数語のまとまりを、強くはっきりと発音する。これで、聞き手が重要な部分をしっかり聴き取れる。

一方、②では、文の意味を伝える上で補助的な役割の単語を意識して弱く発音する。冠詞（aやthe）、助動詞（will

> ### 表2 Step 2
>
> **強弱やリズムで全体を英語らしくする**
> **（英語らしい流れを表現）**
> ①文の中で重要なまとまりを、強くはっきり発音する
> ②文の中で補助的な役割の単語を弱く、他の音と連結させて発音する
> ③文の流れで、長く発音する部分と短い音を意識する
> ④文の流れで、上がる、下りるを意識する

やcan)、接続詞（andやbut）、一部の動詞（isやhad）、前置詞（toやfor）、そして関係代名詞（thatやwhen）などが該当する。これらの単語の音は、多くの場合、弱くなるだけでなく、前後の他の単語と連結して音が変わることが多い。ただし、これらの単語が文中で重要な意味をもてば強く言うこともあるので、「聴き音読」では、よく耳を澄ませ、どの単語が強く、どこが弱く、どこが連結して音が変わるか聴き取ろう。そしてその音の強弱を真似る。

①と②で文中での強弱を表現できたら、③では、文中の長短を意識して表現する。強調する語句の固まりの中でも、長く伸ばしてはっきりと聞かせる語句と、前後に連結して短く、軽く発音する語句があることを確認する。①と②に同じく、意味を強く伝えたい単語は長く、補助的な単語は短くなる。強弱に加え、音の伸び縮みがはっきりあると、英語のリズムがさらに明確になり、聞き手はとても聴きやすくなる。

④では、さらに、「上がったり」「下がったり」と音の上下の動きにも注意を払う。音の上下は、話し手の伝えたい意味や感情によって変わる。特に文末の音の上下は、聞き

手が感じ取りやすく、また文章全体の印象に影響を与える。文末で下がれば、メッセージがひとまず終わる感じを伝えるし、文末で上がれば疑問やまだ続きがあることを示す。日本人の英語を聴いていると、無意識にすべての文末を上げ気味にするクセのある人がいるが、意識して、メッセージの終わりの文末を下げると、英語に締まりが出る。一度、自分の英語の文末の上がり下がりのクセを確認してみてほしい。

　まとめると、Step 2を意識した「聴き音読」では、文の流れに、強弱・長短・上下の3つの音の変化があることを聴き取って真似て、意味が伝わりやすい英語の流れを作る。この複雑な音の起伏をイラストで表すのは難しいが、試しに文の意味をくんで表現するとこうなる。楕円の厚みで音の強さ、幅で音の長短、位置で音の上下をあらわしている。

You never fail until you stop trying.

　強弱・長短・上下の3つの変化を、同時に真似るのは、なかなか難しい。ひとつずつ、順番に真似るほうがやりやすい人もいるし、歌を歌うように、3つの変化をいっしょに真似るほうがいい人もいる。「聴き音読」では、素材を聴きながらいろいろと試しつつ発音し、自分にとって一番やりやすい方法を見つけ、英語らしい音の流れを表現しよう。

　Step 2の、英語の複雑な音の変化や流れを、より詳しい知識として理解したい読者は、発音に焦点をあてた英語の教本が多数出版されているので読んでほしい。発音練習に

は、発音記号やフォニックスを使うなど、さまざまなアプローチがあることも付け加える。

私は、大学の授業では、発音の理論の説明より先に、英語の音を聴いて真似る体感的な練習をする。説明から始めて、多くの学生が実際に声を出す前に興味を失ってしまった経験があるからだ。発音は一瞬の動作の連続なので、知識から始めるより音に浸ったほうが、「聴き音読」の成果を感じやすいとも思う。そして、発音の感覚をつかんだ後で、興味と必要に応じて発音の理論の知識を加えることを勧めている。

ただ、英語の学び全般に言えるが、英語の効果的な学び方は人によって違う。最初に発音の理論を理解するほうがわかりやすい人もいる。違和感のある方法を無理強いするより、納得感と手ごたえのある方法を見つけて続けるほうが効果的である。

Step 3の考え方

Step 2までは、意識して注意を払えば比較的成果をあげやすく、その変化も自分でわかりやすい。しかし、Step 3の目標は、成果をあげるのも、その変化の確認も難しくなる。また現実のELFでは多様な英語で互いの意思を伝えあうことが多い。よって、Step 3は「できるだけ意識はするが完璧は求めない」目標とすればいいと私は考えている。Step 3では、日本語と英語の子音の違いに焦点をあて、日本語の子音ではなく、英語の子音を発声することを目標にする。外国語を学ぶとき、発音は母語の影響が強く出て、このクセをなくすのが難しいことはよく知られている。日

第2章 音に浸る──英語の学び方1

表3 Step 3

大事な音を英語らしくする(音の違いを意識する)
① thの音 —— this
② fとh —— force/horse
③ vとb —— van/ban
④ rとl —— grass/glass
⑤ shの音 —— she
⑥ tの音 —— team
⑦ 最後のn —— sin

本語にRとLの差がはっきりないため、日本人がRとLを聴き分けるのが難しいことを第1章でも述べた。幼児期にはすでに母語にあわせて音の認知力が調整され、RとLの聴き分けが難しくなるそうだ。他の母語の英語ユーザーも同様の課題を抱えている。たとえば、アラビア語にはPとBの区別がないそうで、エジプト人が言うpeopleは、peoPleでなく、peoBleに聞こえることが多い。母語にない音は、無意識に母語にある近い音と同じように発音しがちなのだ。だから、母語にない子音の発音の練習は、⑴日本語にない音を聴き分け、⑵同じような音を**単音**で発声できて、⑶**文の発音**でも、その音を再現できるようになる、この3段階が必要になる。

日本語話者は、⑤のshの音では、sheをseeと発音しがちで、⑥のtの音ではteamを"cheam"(チーム)と発音しがちである。⑦のnの音では、nの後に英語にはないgをつけて、sinをsingと発音してしまうことも多い。

Step 3の目標には、日本語とは違う発音をする英語の子音がならんでいる。これらは自分では聴き分けにくく、自

91

分の発音が改善できたかはっきりわからないことが多いので、なかなかの挑戦になる。「聴き音読」では、この子音を注意深く聴き、繰り返し真似てみよう。

さらに、この表3にはないが、母音も日本語と違う音が多いので、子音を聴きながら、前後の母音にも注意を払って真似よう。それぞれの音の発声方法や口や舌の動きは、YouTubeで検索すると数多くの解説・指導動画がある。必要にあわせて、映像と音で確認しながら声に出して練習するとさらに効果的である。

「聴き音読」では、文中にこれらの注意すべき子音が出てきたら、特に注意して聴き、真似て発音する。手元に音読する文章がある場合は、これらの子音に予め印をつけておくと練習しやすい。ただし、Step 3の目標は、短期間でガラッと成果を出すのは難しく、「できたようなできていないような」時期が長く続く。「聴き音読」で発音練習をしているときだけでなく、普段英語を話すときも、これらの音に注意し続けることで、少しずつ変えていくと考えよう。

感情を込める

ここで83ページにある「発音練習マップ」をもう一度見ていただきたい。マップの一番上にある「「思い」を表現する」も、ELFユーザーには非常に大切であると私は考えている。一般的に、発音練習は感情表現を含まないが、目的をもって英語のコミュニケーションをする際には、それに応じた感情を込めた声の表現が必要だからである。にこやかな雑談や、専門知識に基づく自信のある説明、親身でやる気を促す励ましの言葉などは、機械的で正確な英語を

発声するだけでは真意が伝えられない。

　日本語は感情を抑え気味で話すことが多いので、そのままの感覚で英語を話すと単調に聞こえがちである。さらに、不慣れな外国語を話すときには、注意を払うことが多すぎて、いっそう単調な話し方になりやすい。一方、英語圏を含む多くの国では、幼少期から感情豊かに話す訓練を行う。たとえば、比較的控えめな感情表現で知られるイギリスでも、学校教育から社会生活まで、Performing Arts（舞台芸術と訳される）のひとつ、朗読が広く行われる。子どもたちは絵本や詩、シェイクスピアや聖書の一節などを暗唱し、思いを込めた英語の話し方を学ぶ。

　こうした背景があるので、英語で話す際には、日本語より、伝えたい内容に合った感情や思いを少し強調して声で表現しようとするとちょうどいい。ただし、不自然で気恥ずかしく感じるほど過剰な感情表現をする必要はない。

　感情を込めた英語の話し方を練習するには、感情が込められた英語素材を「聴き音読」する。感情が声の強弱や声色の変化にどう表現されているかを聴き取り、真似るといい。意識して、声に込められた感情を聴く練習をしていると、自分が話すときにも、自然と感情が反映できるようになる。

音読練習の順番
　今まで説明してきた、「発音練習マップ」に基づき、名言を素材に「聴き音読」をする際の手順を次にまとめる。

準備：自分の発音を振り返り、発音練習マップから当面の

優先目標を決めておく
①名言の音読をじっくり聴き、意味と響きを味わう
②意味を深く理解できるよう、わからない単語は調べる
③音声を聴きながら、小声で同時に言い、全体の感覚をつかむ
④もう一度丁寧に聴き、ポーズや強調など、目標の注意点を確認する
⑤何度も繰り返し、聴きながら声に出して真似て言い、そっくりになるまで練習する
⑥音源を聴かずに、感情を込めて名言を言ってみる
⑦音源が速すぎる場合は、再生スピードを75%に遅くしてゆっくり練習してから、元のスピードに戻す
⑧文字で確認しながら音読したい場合は、大きめの文字で書き写し、聴きながら注意点を書き込み、音読する
⑨上達具合を確認するため、スマートフォンなどで録音し、音源と聞き比べてみる

基本コースは①から⑥までで、⑦から⑨は興味や必要にあわせて試してほしい。⑨の録音は手間もかかるが、自分の発音を聴いてみると思っていた印象と違うことも多く、客観的な評価ができるので一度は試してみるといいだろう。
基本コースだけ行うと、名言ひとつの「聴き音読」は5分ぐらいで練習できる。隙間時間でも集中すればかなり音源に近い発音ができるようになる。ただし、「聴き音読」で英語名言のリズムや音が再現できても、普通に英語で話すと、もとのクセが戻ってしまうことも多いのが発音の手ごわさ。数多くの名言で練習し続け、折に触れて復習もし、

英語を話すときには発音にも注意を払うことで、徐々に自分に合った効果的な発音ができるようになる。

2.2 リスニング力を磨く

リスニング力の伸ばし方

発音練習で英語の音に慣れたら、次にリスニングの練習に取り掛かろう。リスニングは、相手のスピードで即時に音を通して英語を理解するスキルであり、調べながら自分のペースで理解できるリーディングよりも実践力が必要になる。しかも、スピーキングをするにも不可欠だから、リスニングは英語力の基礎体力とも言える。

リスニング力は、基本的に「内容をある程度理解できる」レベルの英語を聴いてきた時間に比例して上達する。つまり、英語をたくさん長期的に聴き続ける必要があり、リスニングに近道はないと考えよう。ここでの「理解」とは、英語の音を聴いてその音の意味を頭の中で解釈し、大筋がほぼ理解できることを指す。雑音のように聞こえる英語をいくら聞いても、リスニング練習にはならない。

リスニング力の向上には、読書の精読と多読のように、精聴と多聴をバランス良く、並行して組み合わせると効果的である。精聴は、短時間に集中して英語の音を丁寧に聴いて細部まで理解する訓練であり、多聴は大量の英語音声を、ざっくり大意をつかみながら聴く訓練を指す。多聴を英語のシャワーとよぶ人もいる。

本章の前半で紹介した「聴き音読」は、聴こえた音をできるだけそっくりに自分の声で再現するので、リスニング

のための耳の準備体操にもなる。さらに、耳を使って音に集中し、英語のリズムや音のつながりに体感的に浸り、かつその英文の文意も深く味わうから、「聴き音読」の方法は「精聴」の方法とも非常に似ている。

多聴と虫食いリスニング

このように「精聴」の訓練は発音練習を応用できるので、本章では「多聴」の方法を詳しく紹介したい。精聴が英語の音に浸る訓練だとすると、多聴は、英語の音を通して、英語が伝える「なかみ」に飛び込む訓練だ。

そもそも、リスニングの目的は、英語という「入れ物」より「なかみ」を理解することだが、英語学習のリスニングでは、知らない単語や表現に気を取られて「なかみ」の理解を忘れがちになる。「なかみ」を効果的に理解するには、未知の英語表現があってもそれをある程度聴き飛ばす技術が必要になる。日本語でも、子どもが大人の話を聞いて、多くの知らない単語を推察で補いながら、100%鮮明ではないけれど、大筋は理解してしまう、あのようなリスニングだ。このような感覚を、私は「虫食いリスニング」とよんでいる。これは音の流れのあちこちに「空白の穴」のある状態で大意をつかむ訓練である。きまじめに英語を勉強してきた学生ほどこの感覚を不安がり、辞典で全部調べたいと言うが、外国語を学ぶ上で、これはどうしても必要な技術である。

実際に海外で周りに飛び交う英語を聴こうとすると、すべての音情報は「虫食い」状態にある。すべての単語が完璧に聴き取れて、しかもすべて理解できるという状況は稀

だろう。リスニング力が上達しても、それに伴い対峙する英語はより早口で、より複雑で、より広い語彙が使われるようになることが多く、やはり「虫食いリスニング」で英語を聴くことになる。

リスニングのもうひとつの課題は、一方的に流れていく音のスピードである。社会生活で英語を聴く場面では、会議やプレゼン、立ち話であっても、音の流れを止めて単語を調べたり、もう一度聴き直したりが難しい。部分的に聴き逃してしまうことも多く、だからこそ、虫食い状態でのリスニングの理解力を鍛える必要がある。多聴は、虫食い状態の情報を通して、内容を把握する力を育てる訓練なのである。

だから、理想の多聴は、英文の「なかみ」に集中して、聴けない単語は無意識に聴き飛ばし、知らない単語の存在が気にならなくなるような状態だ。英語を聴きながら内容の面白さに没頭し、英語で聴いていることをふっと忘れてしまうころ、英語のリスニングに自信がついているだろう。

リスニング素材としての、動画の勧め

そこで、多聴の素材は、英語の難易度だけでなく読者ひとりひとりの興味と内容の面白さで選んだほうが、英語学習が楽しいし、「なかみ」に集中しやすい。

多聴素材の適切な難易度は、音だけのリスニングでは理解できる単語が95％以上、未知の単語は5％以下だそうだ[4]。しかし、この基準で選ぶと多聴の選択肢が英語学習者向けのやさしい教材に限定されてしまいがちだ。工夫を凝らした学習者向け教材も多いが、「なかみ」の魅力は犠

牲になることが多い。そのため、私はインターネット上に無数にある動画を利用することを勧めていて、実際、授業では動画を使ってリスニングを教えることが多い。動画は音だけでなく映像も提供されるので、音のみよりも情報が豊かで、多くの聴き取れない部分や未知の語彙があっても意味を追いやすい。また、同じ動画でも、音情報と映像情報の関連性が高いドキュメンタリーなどのほうが、ドラマや映画より意味を理解しやすい[5]。

さらに、YouTubeなどの動画プラットフォームは、字幕の利用やスピード調整が可能で、やや難易度が高い英語の理解を支援する。リスニング練習に使う動画の適切な長さは、経験上最初は5分程度がお勧めで、徐々に長い動画に挑戦するといいと思う。5分の動画の文字情報は、大判の英語の教科書の見開きで約2ページほどに相当し、集中して聴くトレーニングに適している。また、5分の動画であれば、丁寧に聴いたり繰り返したりしても、30分程度でひととおりのリスニング練習ができる。

素材の動画の「なかみ」

一方、「面白い」とは、「なかみ」の情報に興味をもてるか、聴いて楽しく感じるかにある。ビジネス、社会問題、文化など、興味のある分野の素材を選ぶといい。まずは、扱う情報の鮮度が高く、内容が深く、英語表現が丁寧で安定しているため、広く知られている定評のあるメディアの動画から選ぶことを勧める。最初は著名なチャンネルの動画から始め、やがて自分の興味にぴったりと重なるもっとニッチなYouTubeチャンネルを探し出せると、インター

ネット素材のリスニングの楽しみが増すだろう。

インターネットには、もちろん日本語でも無料で楽しめる動画が無数にあり、わざわざ英語で情報収集をする必要を感じないかもしれない。しかし、英語の動画は、量、質、テーマの多様性が他言語を凌駕している。世界で英語を使う人口は日本語の軽く10倍以上で、それだけ投下される資源も豊富だ。世界各地のメディアや個人が工夫を凝らして得意分野の動画を公開し競いあっている。日本語とは違う、多彩な英語の動画を英語で視聴し、英語の勉強に活用しよう。

TED-Edで多聴リスニングをする

とは言え、最初から自分の興味にぴったりの英語動画を見つけるのは難しい。YouTubeでは、英語勉強法、ニュース、エンターテインメントなど世界中の無数のチャンネルが動画を配信しているが、英語のリスニング力を鍛えるために最初にお勧めしたいのがTED-Edである。

 TED-Ed
https://ed.ted.com/

TED-Edは、英語の興味深いスピーチで広く知られているTED Talksの教育版で、TED Talksより短くてわかりやすいので、英語のリスニング練習の素材として使いやすい。世界中の教師が世界の教室と共有したいLessons Worth Sharingを提案し、それをTED-Edが編集して動画として

配信している。動画の多くは長さが5分ほどで、質の高いイラスト映像と端正なナレーターの説明が内容理解を助ける。世界の中学・高校のあらゆる科目のテーマを網羅していて、すでに2000本以上の動画がある。表現はほどほどに堅めで、どこで使っても間違いがない聴きやすい英語だ。語彙の選び方も、現代の世界を語るのに重要な単語を取り入れながら、簡単すぎず、難しすぎずのバランスがうまく、「虫食いリスニング」の練習に恰好だ。

たとえば、大学の授業で人気がある世界初の地下鉄の誕生秘話をまとめたこの動画がいい例だ。

1863年当時、地下に列車を走らせるという世界に前例が

How the world's first metro system was built（世界初の地下鉄はどう作られたか）- Christian Wolmar
Source: **TED-Ed**
https://ed.ted.com/lessons/how-the-world-s-first-subway-system-was-built-christian-wolmar

ない、突拍子もないアイディアを、誰が、なぜ考え、どんな技術を使い、どう実現させたか。この動画は、雑学的な面白さで惹き付けながら、具体的な事例を通して技術革新を実現するプロセスを見せてくれる。

多聴は、大筋の意味を追いながら英語をたくさん聴くのが目標なので、興味に任せて多くのTED-Edの動画を気軽に視聴していくのもいい。しかし、ここではこのTED-Edの動画を例に、同じ動画を繰り返し視聴して効果的にリスニング力を伸ばす方法を解説する。少し手をかける方法だが、あくまでも「虫食い」のままリスニングする多聴である。

動画を使ったリスニング練習法

リスニング力を伸ばすための多聴練習としては、以下の順で動画を視聴することを勧める。

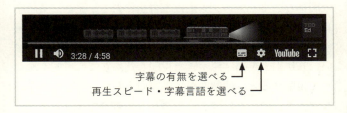

字幕の有無を選べる
再生スピード・字幕言語を選べる

①1回目：まずは集中して英語の音のみで視聴し、大筋を追う（およそ何パーセント理解できたか振り返る）
②2回目：英語字幕を表示し、英語の音と文字の両方を同時に追いながら、内容を確認する
③全体として音の聴き取りが難しい場合は、スピードを

75％に下げて視聴する。英語の意味が全体としてよくわからなければ、一度日本語字幕を表示して視聴し、英語の音と併用して大筋を理解する

④英語の理解を深める：英語字幕を見ても意味がわからない単語や表現は、全体の大意が追えていれば、できるだけ推察で意味を補う。全体の理解を大きく妨げ、ぜひとも知りたい単語・表現に絞って、オンライン英英辞典で調べる（英英辞典の使い方は、第3章の語彙で詳説する）

⑤3回目：字幕を消し、再び音に意識を集中して英語の音を聴き取る（何パーセント聴き取れたか、1回目と比較する）

⑥時間が許せば、動画を繰り返し視聴し、自然な英語のスピードでの理解を目指す

　③でスピードを遅くする場合は、75％が程よく、50％では間延びしてリスニングには不自然である。また、英語字幕は、音の理解を助けるだけでなく、リーディングの練習にもなるし、単語を文字で確認するので語彙も理解しやすい。しかも、英語字幕つきで視聴したあとで、再度字幕なしで視聴すると、理解度が各段に向上していることが多い。なお、英語の字幕には省略や誤りもあるので注意したい。

　一方、日本語字幕は、タイミングに注意して利用する。初回から日本語を表示すると、まず英語の音に集中して英語のまま理解しようとする意欲が薄れ、英語のリスニングの練習効果は低い。ただ、英語だけで聴き取ろうとしたが理解度が低すぎる場合は、補助的に日本語字幕を活用するといい。前章で紹介した作戦4のマルチリンガル脳を使う

アプローチを取るわけだ。最終的には日本語に頼らず、英語だけで理解するリスニングを目指すが、過渡的には、柔軟に、自分がやりやすい練習法を取る。

TED-Edの動画学習を拡張する

TED-Edにはひとりで英語を学んでいる人にとくに役立つ機能がある。それが、動画に連動して活用できるTED-Ed Communityで、TED-Edの動画視聴ページにメニューが並ぶ。

この追加機能を利用するには、TED-Edのホームページ（https://ed.ted.com/）からこのコミュニティのアカウントに登録する。13歳以上であれば無料で参加できるので、ガイドラインをご確認いただきたい。

> **TED-Ed Community**
> https://ed.ted.com/community-guidelines

TED-Ed Communityは、動画の内容を深く理解し、英語を使って思考を拡張するのに役立つ。動画をWatchしてから、Thinkで理解を確認する小テストを受け、Dig Deeperでさらに深い資料を読み、Discussで世界のTED-Edコミュニティメンバーと短い英語メッセージで意見交換ができる。TED-Edの動画に英語のオンライン教科書が付帯しているイメージである。

動画のリスニングをアウトプットにつなげる

実社会で英語を使う際には、インプットとアウトプット

が連動して行われる場合が多い。たとえば、プレゼンや講義、会議で英語情報を受け取った後、その情報を活かして英語で質問したり、自分の意見を述べたり、意見交換をしたりする機会がある。英語のコミュニケーションに貢献するには、このアウトプットに参加することがきわめて重要になる。

反対に、他人からの情報を受け取るだけで、自分側の情報は発信せず、他人に何も共有しなければ、コミュニケーションの場に存在しないも同然である。そのため、普段から、インプットとアウトプットをセットで練習することを強く勧める。英語情報を受け取ったら、迅速に理解し、分析し、自分の考えを整理して、英語で発信する訓練をするわけだ。しかも、この練習は、リスニングで耳にした重要な語彙や表現を能動的に使い、記憶に定着させるので、総合的な英語力の伸長にもなる。

動画を視聴した後、アウトプットにつなげる応用練習は以下のように、独習でも可能である。

- 動画の内容を、頭に残っている自分の言葉だけを使って英文1－3文で要約する
- 動画に対する自分の意見を言い、その理由を説明する
- 動画の内容について3つぐらい質問を考え、英語で言う

英語の学習仲間がいれば、同じ動画を視聴して、その後動画の内容について英語で意見交換すると実践的なアウトプットの練習ができる。意外に感じた発見や、役立つと感じた情報など、テーマを決めて感想を共有してみる。

日常的に英語の動画を視聴する

5分程度の短い動画から始め、英語の「虫食いリスニング」に慣れたら、長い動画やニュース、ドラマ、映画など、気の向くままに面白そうな英語素材を楽しんでほしい。より長い動画の多聴でも、リスニング力を効率的に伸ばすには、まず「英語の音だけ」で聴いて理解に努め、その後「英語字幕つき」で内容を確認し、再び「英語の音だけ」で聴くというサイクルで3回は視聴するのが理想だ。しかし、何よりも続けることが最優先で、使える時間や好みにあわせ柔軟に考えよう。気難しい英語の勉強と考えず、日常の生活の一部として気軽に、毎日少しでも英語動画を視聴し続けるほうが英語力が伸びる。リスニングの上達は「内容をある程度理解できる」英語を聴く時間の長さに比例するのだから。

リスニングの練習に勧めるその他の素材

インターネットには、外国語としての英語を学ぶ動画も豊富にある。これは、やや遅めのスピードでやさしい語彙や表現だけを使っているので、TED-Edが楽しめなかったら、まずこれらの動画から始めることを勧める。ゆっくりしたスピードの動画で虫食い英語のリスニングに慣れてきたら、少しずつ難易度をあげていく。そのために、初級と中級向けで、扱いやすくて、内容が充実しているものを2つ紹介する。

初級:News in Levels
https://www.newsinlevels.com/

　生活に身近なニュースを中心に選び、非常にやさしい3レベルに分けて音声と静止画像を提供している。英語で説明する語彙リストがあるのは便利だし、レベル3には、元の動画ニュースも提供されているので、英語のリスニングを初歩から始めるのにちょうどいい。

  中級:BBC 6 Minute English
https://www.bbc.co.uk/learningenglish/english/features/6-minute-english

　イギリスの公共放送BBCは英語学習者向けに多くの動画を提供しているが、その中のひとつで、中級者向けの6分ほどの音声動画である。BBCの一般向け英語の放送の一部を引用しつつ、わかりやすい解説が加えられている。時事ニュースのこぼれネタのようなテーマが多く、公開数も多い。重要単語を丁寧に説明しているので、語彙学習にも役立つ。

　一方で、TED-Edを数多く視聴して英語の動画に慣れてきたら、より幅広いテーマの英語動画を活用しながらリスニング力を伸ばしていける。英語として自然なスピードの動画の中から、テーマは少し堅めだが知的に面白く、私が授業でよく使うチャンネルを紹介しよう。

第2章 音に浸る──英語の学び方 1

中級以上：BBC Ideas
https://www.youtube.com/@bbcideas

　同じBBCでも、BBC Ideasは3－8分の動画でイギリスを中心に大人の好奇心を刺激するようなテーマを解説している。Ted-Edより大人向きの情報と英語表現を求めている人に興味深いと思う。

Vox
https://www.youtube.com/@Vox

　2014年生まれの若いネットニュースサイトで、Netflixにも時事解説ドキュメンタリーExplainedを提供している。時事や社会問題を、データを織り込みながら、身近な視点でわかりやすく、深く解説するのが得意である。英語で世界の時事を追い理解するのに適しているが、アメリカ視点のテーマが多く、グローバル性はやや弱いと感じる。

Business Insider
https://www.youtube.com/@BusinessInsider

　世界の雑学を興味深くまとめた動画が多い。世界の伝統的な産業がどうやって生き残っているか（Still Standing）、

高価な商品がなぜそれほど高いのか（So Expensive）、知られざる大ビジネス（Big Business）などを探るシリーズが面白い。ワサビが高価な理由を説明した動画もある。

  Kurzgesagt — In a Nutshell
https://www.youtube.com/@kurzgesagt

ドイツ発のチャンネルで、独特のアニメーションとわかりやすい解説で科学系のテーマを扱う。Nutshellは木の実の殻、In a Nutshellとは「簡潔に言えば」を意味し、Kurzgesagtは、そのドイツ語訳だそうだ。難解そうな科学をわかりやすく楽しく解説するので、理系学生の人気が高い。

英語の霧の向こう

英語のリスニングには、英語が伝えている「なかみ」の情報や感情が、英語という「霧」の向こうに隠され、ぼんやりとしかわからないもどかしさ、フラストレーションがある。しかし、英語のリスニング力を磨くと、次第にこの英語の「霧」が薄れ、言葉の風景がはっきりと見えてくるような快感がある。

私が経験談を聞いたELFユーザーの一人は、留学してしばらくは、英語の壁に囲まれている気がしていたが、ある日突然、英語の音に意味が結びついたような瞬間があって、まるで太陽がさして色が浮かび上がったように感じたそうだ。海外で英語を使ってきたベテランエンジニアは、数十

年前、突然、英語を使わざるをえない仕事の担当になり、とてもやっていけないと思ったそうだ。会議では何も聴き取れず、現場では、エンジニアたちと身振り手振りを交えてなんとか英語で意思疎通をしていた。ところが、2か月後の会議中に突然「わかる、まだしゃべれないけど、わかってるぞ」と気づいたと言う。

　英語リスニングは、日本語ならすぐわかるのにと面倒に感じるかもしれないが、そこを通りぬけないと英語のリスニング力は伸びない。英語の霧が晴れるのを楽しみに、虫食い情報でも理解に努め、面白い素材を探しながら英語を聴き続けて、リスニングの経験値を高めていってほしい。

第3章 自分のニーズから学ぶ
——英語の学び方2

　英語の音を聴き、慣れ親しんだら、話す練習も始めたい。英語で何をどう話すか、どんな語彙を使うかは、あなたが英語で話したい内容によって決まる。ただ漠然とした「英会話」ではなく、あなたが重要と考えるテーマについて話すための、必要順で進める英語の練習だ。そこで、スピーキングの練習と語彙の強化について、「自分のニーズ」をテーマにして考えていこう。

3.1 スピーキング——自分の必要を言えるようになる

　スピーキングには、「英語で自分の考えをわかりやすく表現する力」と、「英語で相手とやりとりする力」が求められるが、この2者にはやや違う訓練が必要になる。本章では「自分の考えをわかりやすく表現する」ための練習に焦点をあてて、次章では「相手とやりとりをする」ための練習を詳しく考える。

伝えたい内容を優先する

　ところで、英語に限らず日本語でも、「自分の考えをわかりやすく表現する」とは、自分が伝えたいことを整理し、その内容を相手がわかりやすいように話していく作業であ

り、まず、伝えたい内容が先にある。一方、学校での英語のスピーキング練習では、往々にして「学ぶべき文法事項や構文を覚え、それを使って何かを言う」とか、「場面別の想定英会話を覚えてロールプレーをする」などの方法が採られがちだ。これらは「英語のかたち」を先に固めて、実際に何を話したいかはあとまわしだった。このやり方は、私たちが実際に英語を話そうとするときと、発想が逆になる。頻出構文や場面別の会話は役に立つが、実際に使う機会がなければ忘れがちだし、いざ使いたいときになるととっさには思いつけない。

そこで本章では、自分にとって重要度の高い「伝えたいなかみ」を出発点とするスピーキング練習を紹介する。これは、英語の型中心の学校英語の発想から、目的中心のELF発想に転換していくことでもある。ただし、両者は別物ではなく、つながっている。

学校で学んできた英語の知識は、頭の中では文法や語彙、表現などとしてばらばらに累積されがちだ。一方、ELF発想のスピーキングの練習では、自分が話したい「なかみ」、つまり「話題」をまず選び、その話題に関連した英語の語彙や表現を考え、調べ、使う。これは、それまで累積してきた「英語の知識の倉庫」から、必要順の高い話題にあわせて役立つ部品を選んで英文を組み立てて、実際に使う練習となる。

自分が話したい、話す必要がある「話題」を選ぶので、相手を前にしてすぐそのまま話せるし、いろいろな相手に何度も繰り返して話すことになるだろう。「英語のかたちを真似る」より、「なかみを伝える」を優先し、その「な

かみ」を一番うまく伝えるように英語を組み立てて、英語を話していこう。

重要な「話題」を話すことに自信をもつ

　英語で話しはじめる初期段階では、英語で話したい、あるいは伝えるべき内容は、比較的限られていて、しかも繰り返して話すことが多い。本書では、この「話したいこと」を、「話題」とよぼう。

　まず、誰にとっても重要で必要な「話題」は自己紹介だろう。その次に、仕事で英語を使う人には、自分の仕事内容が不可欠な話題になる。自分の会社の概要や、担当プロジェクトや製品やサービスの特徴や魅力、それらを売り込むポイントなどを頻繁に話す。仕事外の「話題」では、個人的に好きなこと、楽しんでいること、気になることで、具体的には、趣味、好きなドラマや映画、関心のある社会問題、自分の住む地域、思い出に残る経験談などが挙げられる。

　こうした重要度や必要順の高い「話題」を、わかりやすく、内容豊かに、余裕をもって話せれば、英語を話す自信がつく。また、会話の最初に練習済みの「話題」を効果的に話せれば、その後の会話も進めやすいし、相手も、自分についての基本情報を要領よく理解しやすくなる。

　そもそも、英語のスピーキングは複数の知的作業を瞬時に行うので、複雑で難しい。「話す内容を考える」「相手に伝わりやすいように、話す順番を決める」「文法や語彙を選びながら英語で意味の通る文を作る」「発音やアクセントに注意する」「実際に英語の言葉として発話する」「相手

の反応を観察する」などを同時進行で行う。日本語であれば無意識にできる「言葉を作り、発する作業」、特に話したい内容の言語化や文法・語彙・発音への配慮などに、外国語で話すときには大きな知的エネルギーを割かざるをえない。だから、慣れるまでは英語のスピーキングが難しいのは当たり前なのだ。しかし、必要順の高い「話題」について、この複雑なプロセスを予め準備し、練習しておけば、英語のスピーキングがずっと楽になり、自信をもって話せるようになる。

ブロックで考える

　私は、話したい「話題」に焦点をあてたスピーキング練習を、子どものブロック遊びに例えて「ブロック法」とよんで説明する。まず自分が話したい、よく知っている「話題」を選び、わかりやすく要領よく話せるように英語の表現を作る。このとき、後で詳しく説明するように、英語の文章を5つ程度の固まり、つまりブロックに分けて考える。この必要順の高い「話題」について、余裕と自信をもって話せるように練習するのが、図9のAのイメージになる。この基本となる「話題」は、自分が話したい必要順で選んでこそ、出番が多く、使いまわしがしやすく、繰り返し役立つのである。

　次に、似た「話題」を話すときには、このブロックを分解し、一部はそのまま使ったり、一部は内容にあわせて修正して応用し、さらに必要に応じて新しいブロックを追加したりして話す。この応用が図9のBになる。Aにある自信をもって話せる「話題」を増やすことで、手持ちのブロ

第3章　自分のニーズから学ぶ——英語の学び方2

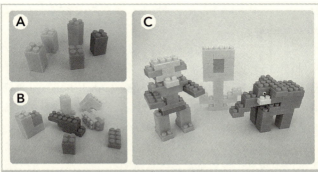

図9　ブロック法でスピーキング力を伸ばす

ックも増え、Bの応用範囲も広がる。特に重要な「話題」については、展開を考え、いくつかのバリエーションのブロックも作っておく。

こうして、増えてきた手持ちの「話題」を分解し、組み換えて修正し、追加していけば、より広い「話題」に発展できる。「ブロック法」でスピーキングを組み立てると、柔軟で応用がきく。より多様な「話題」の練習を重ねて、ブロックで作れる世界をどんどん広げていくと、より広いテーマで自信をもって英語で話せるようになる。これが図9のCだ。

ミニプレゼンのイメージで

「話題」を決めてスピーキングのブロックを作る際には、「英語のミニプレゼン」をイメージし、要点・本論・まとめの3部構成にすることを原則とする。これは、英語では、Introduction-Body-Conclusionとよばれ、英語プレゼンの典型的な型である。ちなみに、本書では日本語で広く使わ

れるプレゼンという言葉を使うが、英語では省略はせずにpresentationとよぶ。

ここでは、スピーキングを1－3分のごく短いプレゼンに見立てるわけである。もちろん、英語のスピーキングが常にきっちりと、Introduction-Body-Conclusionの3部構成になるわけではない。ただ、短い会話でもこの型をゆるく意識すると、話を要領よくまとめやすい。

たとえば、「週末どこか行った？」と質問されたら、まず全体の要点を答えることを意識する。「うん、2泊で青森に行ったよ」。その後の本論で、面白く思ったエピソードを3つぐらい挙げ、最後に全体の感想でまとめる。たとえば、「青森、すごくいいところだった。また行きたいなぁ」と締めくくる。この構成を最初に思い出して英語を話そうとすると、英語を組み立てやすくなるし、相手もわかりやすい。

よく言われることだが、型を使って話すことに自信がついたら、その型を破って自分らしさを出すこともできる。英語で話すことに慣れるまでの道案内役を、この型が果たす。

プレゼンの型

英語プレゼンテーションのIntroduction-Body-Conclusionの3部構成は、図10をイメージしていただきたい。

このプレゼンの型に私が出会

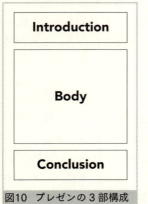

図10　プレゼンの3部構成

ったのは、アメリカのビジネススクールに留学したときだった。全員必修のビジネスコミュニケーションのクラスや就職インタビューのワークショップで、アメリカ人たちに交じって何度も繰り返し練習させられた。英語圏でよく知られている基本ルールだが、実用には、ネイティブの大学院生でも訓練が必要なのだと思った。それ以来、自分の仕事でも心がけてこの型を使ってきた。

その後、イギリスの大学でアカデミック英語を教える英語教師養成コースで学んだとき、アカデミック英語の書き方の基礎として再びこの3部構成が登場した。さらに、イギリスの大学で英国大学への留学予定者に英語を教えたときにも、アカデミック英語のカリキュラムに登場して繰り返し教えた。今、私が日本の大学で教えている授業でも練習する。要は、英語のコミュニケーションの定番中の定番なのだ。

このように英語を使う人の多くがアウトプットでこの型を応用するし、インプットでも無意識にこの型で情報を受け取ることを期待している。近年は、日本語のコミュニケーションの本でもしばしば紹介されているから、この型を知っている読者も多いと思う。だから、コミュニケーションの基本としてこの3部構成の型を、英語でうまく使えるようになろう。

これからこのプレゼンの型を使う段取りを説明し、続いて英語のスピーキングの具体例を紹介したい。

プレゼンの型の構成

「話題」を決めたら、まずは大きくIntroduction-Body-

Conclusionの3部の構成を考える。

　Introductionは「はじめに」に当たり、これから話す要点や全体像を伝える。聞き手に一番知ってほしいことや、全体を通して重要なメッセージを、短く要約して言う。必要に応じて、話す内容の背景や、その話題の意味づけをごく短く付け足す。Introduction は、聞き手の予測を助け、期待感を盛り上げる。一方、Conclusionは最後の「まとめ」として、一番伝えたかったことや、聞き手に覚えておいてほしいことを、短く印象に残るように言う。Introductionで要点を言うのと内容は似ているが、役割が違う。Introductionは聞き手にこれからの話の要点を知らせ、興味を引き出し、理解を容易にする役割がある。一方、Conclusionでは自分が話した内容の要点を、相手に印象づけ、共感を得て、ときには、行動を促す。この「まとめ」には、話の最後として、相手の印象に残りそうな効果的な結びの言葉を考える。

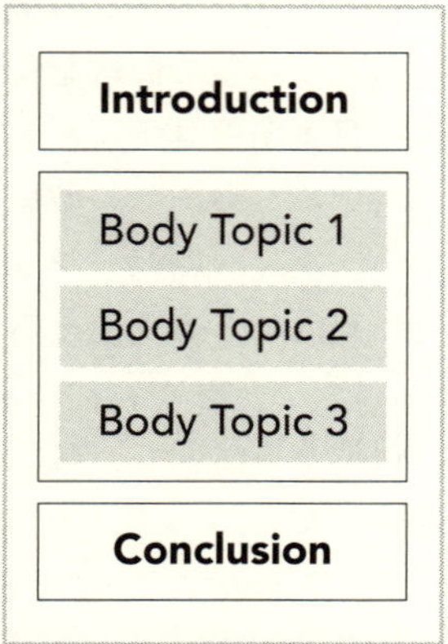

Bodyの構成はまず3つ

　真ん中のBodyが本論であり、話題の中心として具体的で面白い話をする部分である。選んだ「話題」に関連して、言いたいことや伝えたいことが、ぱらぱらと頭に浮かぶと思うが、それを整理して3つ程度の要素にまとめる。この要素を、本書ではトピックとよぶ。トピックが多

図11　プレゼンの構成
　　　 Bodyが3つの例

[Introduction / Body Topic 1 / Body Topic 2 / Body Topic 3 / Conclusion]

すぎると相手の印象が薄くなりがちだ。原則として2−5つ程度にまとめるが、スピーキングの練習のはじめには、まずは原則として3つにまとめることを勧める。

トピックの構成を決める
　トピックの役割や関係は、その「話題」によって変える。ここではトピックを3つにする場合を例に説明する。たとえば、全体の「話題」が好きなものであれば、トピック1で「それはどんなものか」を説明し、トピック2で好きな理由、トピック3でそのものにまつわる一番大切な思い出を話す。このように、What・Why・Howの3つのトピックの組み合わせを使うと、話の整理がしやすく、汎用性も高い。

　同じ話題でも、自分がそれを好きな理由や魅力を強調したければ、ものの概要はIntroductionで簡単に説明してしまい、Bodyでは、好きな理由を3つのトピックに分けて詳しく話す。Bodyの構成は自分が話したい内容にあわせ、かつ相手に伝わりやすいように工夫する。

　たとえば、仕事で新製品について話すときに、**What・Why・How**の基本形を使えば、トピック1で「**何**」であるか製品の詳細を紹介、トピック2で「**なぜ**」企画されたのか狙いを説明、トピック3で「**どう**」売るか、製品の市場や魅力、売り上げ予想などを解説する。

　同じ話題でも、聞き手や目的にあわせて、違う組み合わせのトピックも作れる。社内向けの販売計画会議で既知の新製品を検討するのであれば、Whatの製品の説明は不要だろう。そこで、トピック1と2で注目の新機能を2つ解

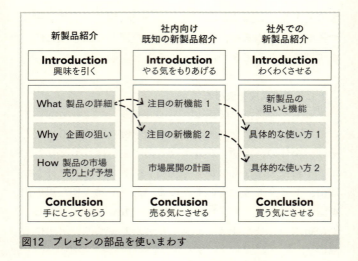

図12 プレゼンの部品を使いまわす

説し、トピック3で製品の市場展開の計画を提案する。一方、見込み客に新製品を紹介するなら購買意欲を高めることが重要なので、トピック1で製品を丁寧に紹介した後、トピック2と3は具体的な使い方の2例を、利便性とともに紹介し、買い手に製品の魅力をアピールする。このように、Bodyを3つのトピックで構成すると、内容の流れを柔軟に考えやすくなるし、筋立てがくっきりと際立つ。聞き手にもわかりやすく、印象に残る。くわえて、ブロック法で作った話の部品は、目的や聞き手にあわせて手直しして、柔軟に使いまわせる。

トピックの型を使う

プレゼンのBodyの各トピックは、英語の文章ではBodyの段落に相当する。そこで、英語の論理的文章の段落の書

第3章 自分のニーズから学ぶ——英語の学び方2

き方を応用して「トピックの型」とし、図13の左のように4つの要素で考える。本書ではこれを「トピックの型」とよぶ。まず、トピックの最初に、その段落の「要点」を短くわかりやすくまとめて言う。次に、その「理由」を説明する。その後、その理由の裏付けになる「根拠」を加える。最後に、「まとめ」で、このトピックで一番相手に伝えたいことを言って締めくくる。これによってIntroduction-Body-Conclusionで構成するミニプレゼンのBodyの中に、入れ子のようにトピックがならぶ。

最初の「要点」と最後の「まとめ」は、短く、わかりやすく話すことを心がける。特に「まとめ」は、ごく短く、1文ぐらいで相手の印象に残るような言葉で締めると効果的である。

「理由」は、要点がなぜ導かれたのかを伝え、聞き手が理解しやすいように、必要に応じて状況や背景の説明なども加える。そして「根拠」は、自分の説明した理由について、

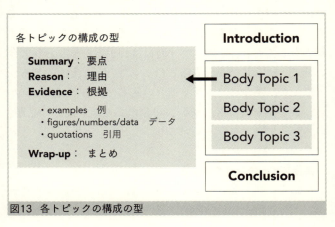

図13 各トピックの構成の型

聞き手に「なるほど」と納得してもらうために重要である。「根拠」には一般的に3種あり、「例を出す」「数字やデータを示す」「信頼ある意見を引用する」が挙げられる。ただ、スピーチでは「根拠」は柔軟に考える。たとえば、ビジネスにおけるスピーチでは、その「要点」と「理由」を裏付ける、成功事例や苦労話、実績の数字、リーダーの言葉や、会社のメッセージなどがいいだろう。日常会話のためのミニプレゼンなら、「根拠」は相手の理解や印象を深めたり、納得や共感を誘ったりする具体例を考えよう。生き生きとした経験談や具体例に加え、なるほどと感じるたとえ話などもお勧めだ。このように客観性や具体性のある根拠を示すと、相手の納得や共感を得やすい。

　トピックの型は話す内容と長さにあわせ柔軟に応用する。本章のスピーキング練習では、Introduction-Body-Conclusionの全体で1－3分の比較的短い話を想定しているので、各トピックも短くなる。だから、状況によって、理由と根拠をいっしょに話したり、まとめを省いたりしてもいい。また、準備の段階ではこの型に沿った内容で話す練習をしておき、実際に話す時には相手とのやりとりに合わせて、短くしたり、省略したりするとより実践的だろう。

　以上が、英語のミニプレゼンの基本となる型だ。これから、この型を設計図に使い、自分の必要順が高い「話題」のスピーキングを作っていこう。

英語スピーキングの作り方

　英語ミニプレゼンの型を応用して、実際に英語のスピーキングを作る手順を具体的に説明しよう。

第3章 自分のニーズから学ぶ──英語の学び方2

まず紙の一番上に、全体の「話題」を英語にして、タイトルとして書く。その下にIntroduction、Body、Conclusionの3枠を、紙いっぱいに、116ページの図10のように書く。この枠を使って、どう話すか、頭の中のイメージを膨らませる。

そして、Bodyから始める。言いたいことを整理してBodyをいくつのトピックに分け、各トピックにどんな役割をもたせるかを決める。最初のうちは、トピックは3つにすると予め設定し、どうしても3つに整理できないときだけ2つや5つに調整するといい。段落の数にあわせ、Bodyの枠を分けると、118ページの図11になる。

トピックの数と要点が決まったら、頭に浮かんでいる、各トピックで話したい内容を整理して、書き込んでいく。このとき、3つの鉄則がある。

①文章を書かず、必要な単語やフレーズだけを書きならべる。本書では、これらをキーポイントとよぶ
②実際に使いたい、英語の単語や句を書く
③英語がすぐ思いつかない表現は、とりあえず、そこだけは日本語でメモしておく

わからない英語の単語をすぐ調べずに、いったん日本語で書きとめておくのは、思考の流れを止めずに、まずは全体の流れを作ることに集中するためだ。詳細の調整は、あとまわしで構わない。

この段階で最も避けたいのは、頭に浮かんだ日本語の文章をそのまま日本語で下書きすることだ。これは第1章で

説明した、日本語を介入させず、「英語だけの回路」を作る作戦4の実践のために重要である。また、英語で書くときも、文章ではなく、キーポイントだけにする。これは、原稿を読まずに話すぞ、という覚悟をもつことでもある。相手に聴きやすく、わかりやすい英語を話すには、「原稿を読む」のではなく英語で「語り掛ける」必要がある。だから、最初から相手を見ながら話すつもりで、原稿は作らない。原稿が手元にあるとつい下を向いて読んでしまう。集中して原稿を読んでいると、相手が意識から消え、読み上げた英語がうまく伝わらず相手が混乱していても気づけない。だから、準備の段階から、キーポイントだけしか用意せず、相手の顔を見ながら英語の文章を作り、語り掛けることを目指す。

ミニプレゼンの仕上げ

全体をIntroduction-Body-Conclusionの3部構成にし、その中のBodyを3つのトピックに分けた場合、全体は5つの段落になる。Bodyの構成を決めたら、このBody全体で伝えたいことの要点をまとめ、Introductionの欄にやはり、キーポイントとして書き込む。最後に、Bodyで伝えた内容をまとめ、相手の印象に残る締めの文章を、Conclusionにキーポイントで書いてみる。

この5段落の内容をひととおり考えたら、仕上げに入る。まず、IntroductionからConclusionまで全体を通して見直し、伝えたいメッセージに合致しているか、内容に一貫性やまとまりがあるか、わかりやすい順番になっているかを確かめる。さらに、今度は聞き手の視点に切り替えて、聞

き手が理解しやすいかを確認する。最後に、もう一度、IntroductionとConclusionが、全体をうまくまとめているか、自分の考えや想いを伝えているかを確かめる。

英語圏など海外の教育機関の多くでは、理論的で説得力のあるレポートやプレゼンの基本としてこのような論理的な型を教える。長いレポートや長時間のプレゼンでは、内容がより複雑に拡張されるが、基本は変わらない。英語を使っていっしょに働く多くの人々がこのトレーニングを受けているから、この型を使った話し方は、相手にわかりやすいのだ。

具体的なスピーキングの例

では、具体的な話題でミニプレゼンの型を使ったスピーキングを組み立ててみよう。日常会話や仕事の会話にも参考になるテーマとして、栃木県の益子町(ましこまち)の紹介を選んだ。益子町の紹介は、日常会話では自分の出身地の紹介に、ビジネス会話では商品の紹介に応用しやすい構成の話題だろう。

益子町は東京から日帰り圏で、益子焼(ましこやき)で知られている。食文化と工芸、歴史と自然が共存し、焼き物好きの私はその魅力に惹かれ何度も訪れている。外国の友人が来日したときは、よく日帰りの益子行きに誘う。そこで、1－3分程度の英語のスピーキングで、日本に来た外国人に、日本の静かな地方の魅力を楽しめる旅先としての益子を紹介するスピーチを作ってみよう。

Bodyを作る

まず、Bodyを考える。「ぜひ伝えたいこと」と「それを伝えないとわかってもらえないこと」の両方を考え、これらを3つのトピックに整理しよう。

この益子町の紹介では、トピックを3つに決め、それぞれ益子の概要、益子の魅力1、魅力2と設定する。

トピック1の益子の概要は、日本の地理をよく知らない外国人に、益子の基本的なイメージをもってもらうのに必要な情報を入れる。トピック2と3では益子の魅力に焦点をあてる。この部分は、話し手の好みで決める。たとえば、「焼き物と酒」、「文化と自然」、または「歴史と今」など、組み合わせはいくつもある。ここでは、外国人が日本の田舎の魅力を感じやすそうな、「日本の工芸と食べもの」を話すことにしよう。選ばなかった「文化と自然」と「歴史と今」は、最初と最後のIntroductionとConclusionに短く盛り込んで、都会とは違う益子の魅力への期待を盛り上げることにしよう。

以上のように考えて、頭に浮かんだキーポイントをならべたBodyの設計図はこうなった。

Body
Topic 1: Mashiko
- Where=3 hours by bus from Tokyo, direction= northeast of Tokyo, a small but historical town
- one day is enough to enjoy nature, culture, food, full of charms
- surrounded by nature, four seasons, typical Japanese

landscape, traditional houses, woods, mountains, rice fields, quiet, beautiful

Topic 2: Traditional Japanese Handcraft
- handmade pottery, 170 years of history, popular and charming, Japanese craftsmanship
- visit "Shoji Hamada Memorial Mashiko Sankokan Museum"、人間国宝、historical farmhouse, made of wood、茅葺き屋根、民芸家・陶芸家、立派な門、庭園、old kitchen, Japanese lifestyle、歴史を感じる、ひなびた
- Many shops, reasonable price, buy おみやげ

Topic 3: Food
- Soba, fresh vegetables, Tempura
- strawberries in spring, chestnuts in fall
- Cozy cafe and restaurants, local food

キーポイントをならべたら、トピック2が断然長くなった。もしこの部分をさらに詳しく話したければ、トピック2を2分割して、Body全体を4つのトピックに再編成してもいい。しかし、ここでは具体的な魅力をトピック2で詳しく伝えて聞き手の気持ちをつかみ、トピック3はさらっと食べ物の魅力を追加することにしよう。民芸の巨匠、濱田庄司の記念館は古い日本を味わえる魅力的な場所なのでぜひ取り上げたいが、やや専門的な単語が必要になる。とりあえず日本語でキーポイントを書いておき、後でこの記念館のホームページで確認しながら英語表記を考えよう。

単語や表現の扱い

　自分にとって重要な話題のスピーチを考えるとき、ぜひ自分の気持ちにしっくり合う単語を見つけたい。たとえば、「難しくて手も足も出ない」と、ふっと頭に浮かんだとする。そのとき、「手も足も出ない」という日本語の表現にしばられず、その「難しさ」がどうして起きたのか、どんな気持ちなのかをもっと具体的に考え、その意味を英語で伝えようとする。語彙の調べ方は、本章の後半で詳しく説明するが、たとえば、英語の類義語辞典でdifficultを引き、そこにならんだ類義語から自分の感覚に合った単語を選ぶのがいい。

　また、辞典などから英語表現を選ぶ際には、ELF発想を心がけ、自分が感覚的にわかり、相手に伝わりやすい表現を採用する。たとえば茅葺き屋根を辞典で調べたままthatched roofと言いがちだが、自分が知らない茅葺き屋根という言葉を、聞き手は知っているだろうか。茅をそのままthatchと言うより、イネ科の茎を意味して日用品のストローをイメージさせるstrawや、基礎単語の草であるgrassを使い、the old-style roof covered with dried straw/grassなどと言ったほうが多くの人にわかりやすい。辞典の直訳をそのまま使うより、日本語の意味を解き明かす、わかりやすい英語表現を考えて使うことが、ノンネイティブが多いELFのスピーキングに効果的である。

IntroductionとConclusion

　Bodyができたら、次に、IntroductionとConclusionを考えよう。Bodyのなかみをバランス良く反映させ、聞き

手が理解しやすい流れを作る。これも、英語のキーポイントを紙に書き込む。益子の紹介をする、IntroductionとConclusionを含む英語のスピーチの全文は、本節の終わりに提示しているので、あとで参考にしてほしい。

練習の方法

全体の設計図とキーポイントが揃ったら、実際に英語でのスピーキングの練習に移る。基本的には、キーポイントを見ながらその場で英語の文を組み立て、声に出して言う練習から始める。「ひとりごと」を言うように、何回か声に出して英語で話してみる。設計図にあるキーポイントを見ながら、英語で自分の考えを表現するわけだ。第1章の作戦4で重要性を説明した「英語だけの回路」を作るように、キーポイントから英文を作るときには、日本語に翻訳しないように心がける。

例として、Introductionの部分について、キーポイントから英文を作る具体例を紹介しよう。

Introductionのキーポイントにはこんな単語がならんだとする。

Mashiko, small town, nature, culture, eating, farmhouse, pottery, one day trip, very different from Tokyo

このキーポイントを使い、ごくシンプルな英文を作ってみよう。

I want to introduce Mashiko. Mashiko is a small town with beautiful nature and unique traditional Japanese culture. In just one day in Mashiko, you can visit an old

Japanese farmhouse, buy handmade pottery and eat a tasty lunch. Mashiko is very different from Tokyo.

　英文で話す練習では、最初は欲張って難しいことを言おうとせず、知っている単語でシンプルな文を作り、言いやすい短さで切る。まずは、Iやyouなどの人や、地名などの固有名詞を主語に使うと文が作りやすい。

　この調子で、キーポイントをつなげてシンプルな英語の文で話すと、IntroductionからBody、そしてConclusionと全部を話しても、最初は1分程度で終わってしまうだろう。この短いスピーチが、この「話題」を英語で話すための、全体の骨格になる。まずは、全体の大きな流れをスムーズに英語で話せるようにしよう。

面白さと具体性を付け加える

　このシンプルなスピーチをさらに面白く、印象深くするには、1つか2つぐらい、具体的な経験や描写のエピソードを入れる。この具体的な例は、先に説明した、「根拠」として機能し、聞き手により強い印象を与える。たとえば、トピック1に益子で見た美しい風景を入れたり、トピック2で資料館や陶器店の具体的な様子を描写したり、トピック3で益子のお勧め料理の味を具体的に説明したりするなどが考えられる。自分がぜひ伝えたい内容や、相手が魅力と感じそうな描写を選ぶといい。鮮やかなイメージを相手が思い描けるように、具体的な描写を心がける。これを、英語では、"Show, don't tell"、つまり「(具体的に) 見せろ、説明するな」と教える。全体の大きな流れを独り言の英語

で言ってみながら、効果的な根拠となる具体例を追加してみよう。

もう一息、英語の話し方をさらに明確にわかりやすくするためには、意味の「つなぎの言葉」、discourse markersを使うのがお勧めである。直訳すると「話の目印」だが、この短い単語や語句が、英語での文や節のつながりの関係を明示し、話の流れが浮き上がって伝わる。日常会話からややフォーマルな場まで、広く使われる表現を、役割別に以下の表4にまとめた。

表4 役立つdiscourse markers

例示	原因・関係	順番	反対・対比	追加
for example	because	next	but	and
for instance	so	first	however	also
such as	that's why	then	on the other hand	in addition
in particular	as a result	finally	even though	similarly

知っている単語ばかりだと思うかもしれないが、実際に話しながら、必要なときにとっさには思い浮かばないことが多い。そのため、キーポイントをならべ終わった仕上げの段階で全体の話の流れを見直す際に、効果的な場所に「つなぎの言葉」も書き込んでおこう。

流暢さを目指す

根拠となる具体例を織り込み、「つなぎの言葉」も入れたら、自分にとって重要で必要順の高い「話題」について、英語で何をどの順番で話すか、設計図が完成した。このスピーチを自信をもってスムーズに話せるようになるには、

繰り返しの練習が必要である。重要な話題は、これから長い期間にわたって、状況にあわせて内容を変えながら何度も話すので、単に英文を丸暗記しても硬直的すぎて使いまわしにくい。キーポイントを見ながら文を作って話す練習をしよう。

練習方法の紹介
では具体的な練習方法を、簡単なやり方から、時間や手間はかかるが効果的なスピーキングにつながる方法まで、順に紹介しよう。

①キーポイントを見ながらひとりごと
キーポイントから素早く英語の文を作る基本練習として、まず思いつく英文を小さな声に出して言ってみる。この練習をしながら、使いたいけれど思い浮かばない単語や表現があれば、辞典で調べて、キーポイントのリストに追加する。また、発音が不確かな単語は辞典で確認し、発音が難しい単語はより発音しやすい語彙に置き換えるといい。キーポイントから英文を作りながら、自然な流れで英語を話せるまで練習してみよう。

②鏡の前で大きな声で話してみる
英語の文がスムーズに浮かぶようになったら、次は発音にも注意しながら、しっかりと大きな声に出して言う練習をしよう。鏡の前で話すと、アイコンタクトやボディランゲージの練習もできる。はっきりとわかりやすい声で英語を発声し、時折、鏡の中の自分の目を見て確認しながら、

少し微笑(ほほえ)むような表情もしてみるといい。これは自信をもって話す練習である。たとえば、仕事で自社製品を熱意を込めて推奨しているつもりでも、ぼそぼそと下を向いて陰気に話せば、相手の印象は弱くなる。私たちノンネイティブは、日本語にくらべて英語の語彙や表現力が限られているので、なおさら、大きな声ではっきりと相手の目を見て話す練習が必要だ。

③全文を書いてみる

英語の文章がすぐ作れなかったり、自分が作った文に納得できなかったりすれば、一度全文を英文で書いてみるといい。読み直して、より適切な表現を考える。ただし、この原稿は、あくまで話し方を改良するための資料に過ぎず、実際に話すときに読む原稿ではない。

④録音してみる
⑤録画してみる

自分のスピーチを録音や録画して確認するのは、時間も手間もかかる。しかも、自分の英語を客観的に見たり聞いたりするのは、気恥ずかしい。ただ、ここ一番の大事なスピーキングの機会が訪れたら、ぜひ試していただきたい。聞き手の立場になって客観的に自分の話し方を評価して改善すると、スピーキングの質を大きく上げられる。

自己紹介

もうひとつ、ELFユーザーにぜひ丁寧にスピーキングの練習をしてほしいのが、英語の自己紹介だ。スピーキング

のブロック法を使って、仕事用、遊び用、1分用、3分用など、さまざまな場面を想定して数通り、じっくり内容を考えて、にこやかに話せるまで練習しておく。自己紹介は、会話の最初に行うので、自信をもって効果的に話せると安心だし、相手との関係作りも調子よく始められる。

　自己紹介は、重要な割には、充分に準備している人は意外と少ない。大学の授業でも、名前、年齢、学年、趣味を数十秒で短く述べて終わり、まるで英語教科書のLesson 1の登場人物のせりふのような自己紹介が多い。さらに、自己紹介を最初に習うのが小・中学校の教科書だからだろうか、大人になっても自己紹介で年齢を言う人に時々出会う。日本語でもそうだが、大人の自己紹介で年齢を言うのは稀なので、大人にふさわしい英語の自己紹介を考えておきたい。

種まきの自己紹介

　英語の自己紹介を練習するには、「種まきの自己紹介」という考え方を提案する。英語では、国籍や文化、母語が違う人との対話が多く、特に、初対面の人とは共通の話題を見つけにくい。そこで、英語の自己紹介を使って「話の種」を蒔いておく。相手と何を話したいか、自分が何の話題ならうまく話せるか、何を話せば盛り上がりそうか、事前に考え、そのテーマをちょっと自己紹介に入れておく。たとえば、今xxをやっている、今xxに興味をもっている。最近xxをしましたなどだ。きちんと話を聞く相手なら、きっとこの「xx」を話題にしてくれるだろう。この「xx」のテーマは、もちろん事前にブロック法で話す練習をして

おく。これによって、英語の会話のはじまりで気まずい沈黙や緊張で居心地が悪い思いをしないですむ。最初の雑談が快調に進めば、あとは落ち着いて、本題に入ることができる。

● ● ●

ここまで、自分が話したいことを英語で伝えるスピーキングの練習法について述べてきた。

もちろん、英語のスピーキングでは、こちらから話すばかりでなく、相手との短いやりとりを交わすキャッチボールのような英会話も必要である。このような基本的な会話は、すでに学校でかなり練習している。だから、学校英語を思い出し、リスニング力を伸ばして臨めば、比較的対処しやすい。短い会話の応答と、ブロック法を使った豊かな話題を組み合わせれば、英語のスピーキングの基本的な準備が整う。

実際に話すときには、事前に考えておいたミニプレゼンのキーポイントを思い出しながら、必要ならそのメモを見て、英語の文はその場にあわせて作る。そして、相手の顔を見ながら英語で語り掛ける。相手の反応にあわせて、短い対話を挟み込んで、ミニプレゼンの流れを自然な会話にして話すとさらに楽しく、伝わる英語のスピーキングになる。

益子町を紹介するやさしいスピーキングの例

最後に、益子町を紹介する2分弱の話の具体例を、全文英語で示す。全文を一人で通して話す形態の英文の例にな

っているが、実際に誰かと対話する際には、もっと気楽に、短く切りながら話そう。

Let me tell you about Mashiko, a quiet countryside town in Japan. It has beautiful scenery and a unique culture. In just one day in Mashiko, you can explore old Japanese farmhouses, buy handmade pottery, and enjoy a tasty lunch.

You can get to Mashiko in just 3 hours from Tokyo by bus. Despite being close to the capital, Mashiko is full of nature and is the perfect place to experience the seasons change. Autumn is especially beautiful, as you can see the leaves turning bright red and yellow. The air is clean, the sky is clear, and the rice fields are golden.

Mashiko is famous for its 170-year history of handmade pottery. I suggest visiting the old Japanese farmhouse that used to be the home of folk artist Shoji Hamada, who made Mashiko well-known around the world, and was named a "Living National Treasure" during his life. When you visit Hamada's home, you will see a big gate, a perfectly maintained Japanese garden, and a large wooden house with a roof made of dried straw. Inside, the quiet, rustic rooms bring visitors back in time. If you walk on Mashiko's main street, you will pass a variety of pottery shops with charming items, from traditional to modern.

Mashiko is also a great place for lunch. Personally, I enjoy soba, a traditional noodle dish, along with tempura, crispy fried vegetables and seafood. Mashiko has many cozy cafes and restaurants where you can try local food.

In short, in Mashiko, you can experience beautiful Japanese nature, rich culture, and delicate food in just one day. You will discover a different side of Japan, away from the busy city of Tokyo.

3.2 語彙を必要順で集中して磨く

本章後半では、語彙についても、スピーキングと同様に自分のニーズに注目して必要順に学ぶことを提案する。

本書で言う「単語」とは、英語の文を構成する最小単位である英単語を指す。一方で、「語彙」とはもっと広義の概念で、単語に加え、複数の単語で形成される熟語や慣用句も含まれ、多様な表現を可能にするものである。

語彙のストレス

英語に触れるたびに、未知の単語が数えきれないほど出てくる。英語の読み聴きのインプットはもちろん、話す書くのアウトプットでも、知らない単語の多さがストレスになる。単語を調べるために読み聴きを中断すると、時間がかかり全く進まない。あまりに非効率だ。いっそ、リスニングの練習を始める前に、まず単語集を使って単語を集中

的に復習しようか。単語をいくつ覚えればいいのだろうか。誰もが抱く、外国語学習の共通の悩みだと思う。

しかし、この英語の語彙がわからないというストレスを、「解決する」ことはほぼ不可能であり、程度の差こそあれ、一生付き合っていくことになるだろう。英語の語彙は広くて深い。英語が内包する多様な文化から生まれた膨大な語彙の前に、私たちが外国語として覚えられる単語数は、本当に少ない。だから私たちは、わからない語彙がある前提で英語を使わざるをえない。

前章では、リスニングでは「虫食い」で理解するスキルがELFユーザーに必要だと書いた。英語のニュースやドラマを視聴して、すべての単語を覚えようとしたら、それだけで膨大な時間がかかり、内容に注意を払うエネルギーは残らないからだ。同様に、「虫食い作戦」は、リーディングにも必要となる。

しかし、単語を学ぶ意思を、完全に放棄しようと提案するわけでもない。ここでは、ELFユーザーのコミュニケーションに直結して役立つ、効率的な語彙との付き合い方について、次の3点からまとめる。
- 語彙に対する考え方
- 語彙を使えるようにする方法
- 語彙を覚える方法

試験だから数になる

英語学習における語彙と言えば、基礎として3000語必要とか、6000語あれば大丈夫など、具体的な語彙数が目安とされることが多い。そうか、この数の語彙を覚えることが

必要なんだ、と思いがちになる。しかし、これらの数字はどこから来ているのだろうか。

日本でよく見かける単語数は、試験によく出る語彙から計算されることが多い。テストの目標点にあわせ、頻度順で数多く覚え、テスト問題がひとつでも多く解けることを狙って作られた単語集だ。基本的に「広く浅く」数多く覚えることを目標にする。

しかし、ELFユーザーとしては、英語を使って何かをしたい、伝えたい。すると、その内容に関わる重要な語彙こそ、最も必要性が高い。単に試験に出る多くの語彙を広く覚えるよりも、自分にとって必要順が高い語彙を思い通りに使えるようになりたい。

「試験頻度順」単語リストには、自分が全く使いそうもない単語も多い一方で、自分にとって重要なのに入っていない単語も多い。しかも、単語集で「広く浅く」覚えるだけだと、大事な場面で必要な単語を思い出しても、使い方がよくわからないことも多い。

ELFユーザーの語彙との付き合い方

英語の語彙を、必要順で狙いを絞って、深く覚えると、自分が使う単語をより多く知る点で効率的で、その重要単語を実際に使えるようになる点で実践的だ。

個人の英語のコミュニケーションには、特定のテーマや関心があり、必要な語彙にはそれぞれ独自の濃淡がある。したがって、他の目的で作られた単語集に頼るより、「自分の必要順」で単語を選び、その単語と深く付き合うのである。もちろん、必要順で語彙の数を絞って覚えると、知

らない単語に遭遇することも多いだろう。ただし、聴くにしても読むにしても、すべての単語を知るのは所詮無理なのだから、知らない単語があるのは自然なことと、割り切って考えよう。

必要な語彙をどう定義するか

英語を仕事の現場で使う人たちの必要順の単語は、ELF研究とユーザーの経験談から、次の3つのグループに分類できる。

①専門用語：自分の専門分野に必要な専門用語や業界用語
②基礎的語彙：シンプルでわかりやすい英語を理解し、作るための基本的な単語や熟語
③テーマ語彙：関心があるテーマでよく使われる単語や表現

①と②は、膨大な語彙数ではない。①の専門用語については、最も重要な100語を選び、インプットではもちろん、アウトプットでも思い通りに使えるようにする。これで、当面のニーズに応えられる。②の基本的な単語は2000語（中学レベルよりやや少ない）から3000語の範囲で、すでに知っている単語も多いだろう[1]。実際に、英語を話し、聴くことに限れば、世界のELFユーザーの会話の80％程度が基本1000語で成り立ち、90％近くが基本2000語で構成されている[2]。したがって、基本単語2000語程度を知っていれば、一般的な会話はひとまずできるだろう。あとは、③にあたる、自分が関心のあるテーマに関係する語彙を段階的

に充実させていく。

専門用語

第1章の特徴1で述べたように、ELFではコミュニケーションの目的をかなえることを優先するので、その目的達成に必要な「仕事上の専門知識と専門用語の英語」が重要である。そこで、日本語で仕事をする際に必ず使う専門用語や、これを知らないとまずい業界用語については、英語でも的確に使えるように練習したい。専門用語は、一般的な学校英語には含まれないので、仕事で英語を使いはじめるにあたり、まず最初に、個々に必要な専門用語を意識して学ぶ必要がある。

現場の経験知の活用

海外の技術プロジェクトの現場などでは、たいてい専門用語の日英対照表や先輩が作ってくれた社内マニュアルがあるそうだ。特にエンジニアのように専門性が高い職種では、的確な専門用語の使用がコミュニケーションを効率的に支える。英語が初心者であっても、専門用語を使えれば、あとは手振りや図面を駆使してかなり意思疎通ができるそうだ。銀行員、ソフトエンジニア、メーカーの駐在員など、多岐にわたるELFユーザーからも、専門用語の重要性を聞いた。専門用語は、英語以上に広く、その業界の共通語として世界各地で共有され、機能している。

自分だけの専門用語集を作る

もし既存の専門用語集が見つからなければ、自分で作

ることになる。インターネットで、仕事の内容を英語で書いて検索するといい。たとえば、"customer service, professional vocabulary"とか、"banker, professional vocabulary list"など、自分の仕事内容に関連した語彙集を検索する。検索結果にならぶ多くの語彙リストから、良さそうなリストを数件集めてならべ、自分の仕事に関係がある語彙を選んで自分専用の専門用語リストを作る。このリストは折に触れて見直し、自分なりに必要語を足し、使い方についてのメモを加えていく。

　生成AIを使うと、より効率的に、自分の仕事にあわせて使いやすい専門用語集を作れる。第5章で詳しく述べるが、生成AIは、世界中の膨大なデータを学習し、人間が入力する質問や指示にあわせて、テキストや画像などのコンテンツを生み出す人工知能の総称である。2022年末にChatGPTが登場して大きく注目されて以来、2024年の本書執筆時点では、新しい生成AIサービスが続々と登場している。この生成AIに、自分の仕事の内容を詳しく英語で説明して、professional vocabularyリストを作るように指示を出す。リストを作るだけでなく、専門用語の英語での定義、和訳、例文も、生成AIに指示をすれば即座に作成してくれる。

　専門用語集を作る際には、英語を使って検索や指示をすることを強く勧める。日本語での検索では選択肢が限定されがちで、日本人特有の英語の使い方のクセに影響されることもあるからだ。グローバルな業務で英語を使うには、英語を使ってグローバルな視点のリストを作成するほうが効果的だろう。

　インターネット検索でも生成AIの利用でもいいが、ま

ずは100語程度のリストを作成し、それを実際の業務に活かしながら追加変更し、より自分に合った語彙集を作り上げていく。専門用語集を作るのは面倒だが、その努力は長期的に見て大きな価値をもつ。自分だけの英語の専門用語集は、一度作れば、手放せないほど重宝し、長く役立つツールになる。ただし、仕事内容が変化したら、専門用語集も作り変えなくてはいけない。たとえば、大型プロジェクトの施工現場で働くエンジニアが、プロジェクトマネージャーに昇進し、多国籍のチームを統括するようになれば、当然必要なコミュニケーションが変化する。他部門との調整や、人事関係の監督のための専門用語も加える必要があるだろう。

また、英語を仕事で使う予定がない場合でも、英語で話したいテーマに関わる頻出用語を意識して学ぶと役立つ。たとえば、スポーツが好きであれば、そのスポーツの解説によく登場するルールや技術の語彙、料理であればレシピでよく使われる料理用語や味の表現の語彙を覚えると、そのスポーツや料理の英語の理解度がぐんと跳ね上がる。

語彙の基本的な考え方

今述べた①専門用語は、学校英語には含まれないが、②基礎的語彙と、③テーマ語彙は、学校で学んだ語彙と多くが重なる。学校での英語学習を活かし、これらの語彙を増やすには、語彙に関する2つの考え方を理解すると役立つ。それは知っている単語の性質と、単語の覚え方についてである。

「知っている」単語、「使える」単語

私たちの単語の知識は大きく2種類に分けられる。ひとつは、話したり書いたりするときすぐ思い浮かび「使える」単語、active vocabularyであり、もうひとつは、見たり聴いたりする際には理解できるが、自分で使う場面では思い浮かばない「知っているが使えない単語」、passive vocabularyである。この関係は図14のように、「知っている」単語の数は、「使える」単語よりもかなり多い。

図14 知っている単語と使える単語

日本語でも、「知っている」単語は多いのに、書いたり話したりするときに思いつく単語はいつも同じで、似た表現を繰り返してしまうことがある。外国語になると、知っていても使えない語彙はもっと多い(3)。外国語では、「知っている」単語を「使える」単語にするのは母語よりさらに難しいのである。つまり、英語を話し書くとき、単語が思い浮かばずに苦しむのは、「知っている」単語を使う練習の不足が主な原因であり、単語帳などで単語を覚え、「知っている」単語をさらに増やしても解決しないことが多い。

「集中法」と「出会い法」

一方、語彙の覚え方には、基本的に2つのやり方がある。ひとつは語彙集などを使い語彙を集中して覚える方法で、

もうひとつは、読んだり聴いたりした文中で出会った語彙を覚える方法である。英語では、それぞれintentional learningと incidental learningとよぶが、本書では、前者を「集中法」とよび、後者を「出会い法」とよぼう。それぞれに長所と短所がある。

「集中法」は、語彙への注意度が高まり、一度に広範囲に数多くの語彙を覚えるのに効率的なので、試験の準備にぴったりだ。実際、あらゆる英語テストや受験対策のための英単語集が多く出版されている。しかし、この方法は「知っている単語」を増やすには早いが、それを「使える」単語に変えるのは難しい。語彙をひとつずつ深く理解しようとすると時間がかかりすぎるので、数多くの単語を覚えようとする「集中法」では、英単語ひとつに対する日本語訳を数語覚えるので精いっぱいとなることが多い。

対照的に「出会い法」は、実際の文中で出会いながら語彙を学ぶので、使う状況や使い方をより深く理解するには向いている。しかし、この方法の欠点は、積極的に多くの英語を読み、聴いていないと、そもそも単語に出会えないことである。また、文中で出会った単語も、覚えようとせずに素通りしたら記憶に残らない。一方で、単語ばかりに気を取られると、本来の読んだり聴いたりの理解はなかなか進まない。実践には工夫が必要だ。

この「集中法」と「出会い法」をうまく組み合わせて語彙を増やしていこう。

すでに説明したように、専門用語はまず「集中法」でひととおり頭に入れ、その後「出会い法」で自分の英語の使い方にあわせて補強する。専門用語は語数が100語ぐらい

と少ないので、まとめて調べ、リストにして覚え、そのリストを繰り返し復習したほうが効率的だからだ。その後の「出会い法」で、専門用語を使うたびに、不明瞭だった意味や使い方を確認し、覚え直し、メモを加えていく。

一方、専門用語よりもはるかに多い基礎的語彙とテーマ語彙を増やすには、「出会い法」の活用を勧める。「出会い法」で語彙を増やすときの注意点は、以下の3つだろう。

①普段から英語を使う機会を増やし、自分に必要な単語にできるだけ多く出会う。英語を使わなければ新しい語彙に出会う機会がなく、「出会い法」を活用できない。
②出会った語彙を調べたり覚えたりしようとする際のタイミングを工夫する。本来のリーディングやリスニングへの興味を損なわないように、適切なバランスを見つける。
③出会った個々の語彙の重要度を判断し、手間と時間のかけ方を調整する。特に必要順が高そうな単語は丁寧に調べて「使える」単語にする。一方で、そこまで重要でない単語には、時間をかけすぎないようにする。

以上の点に注意しつつ「出会い法」を使って語彙を強化していくが、今度は、必要な単語をどう覚えるかが大切だ。

単語を覚えるコツ

語彙を効果的に覚える方法は、言語教育学の分野で活発に研究され、多くの知見が蓄積されてきている[4]。しかし、学習者の視点から研究成果を読むと、従来の常識を覆すような驚異的な単語記憶法は登場してはいないと思う。むし

ろ、従来からよく知られている単語記憶のコツが実際に有効であると実証している。具体的には、次の3つの知見が実践に役立つ。

①**意識して覚える**：語彙に全く注意を払わない状況では、語彙は覚えられない。語彙に、常にある程度の注意を払う。
②**連想のスイッチを増やす**：記憶に定着させるには、「語彙と意味の結びつき」のスイッチをたくさん強く作るほどいい。
③**繰り返し出会う**：語彙はすぐ忘れ、1回ではなかなか覚えない。「何度も繰り返し」同じ語彙に出会い、思い出すたびに記憶が定着する。

この3点を活かした、ELFユーザーにお勧めの語彙学習の実践法をまとめると以下になる。

①英語を読んだり聴いたりするときには、「なかみ」の理解を優先するが、副次的に単語にも関心を払う。今まで「虫食い」でわからない単語を全部は調べず、できるだけ推量で補うことを勧めてきたが、繰り返し出てくる重要そうな単語には注意を払い、タイミングを見て調べる。
②特に重要そうな単語は、意味を調べるだけでなく、語源、使われる状況や使い方、映像のイメージなどをできるだけいっしょに記憶する。これが単語を思い出そうとする際の「連想のスイッチ」になるので、このスイッチを、より強く、鮮明に、数多くすることを心がける。

③語彙は一度で覚えられないのは当たり前なので、調べたばかりの語彙がすぐに思い出せなくても落胆しない。同じ単語に出会うたびに、その都度意味を調べては思い出し、使ってみる。この繰り返しによって、語彙への理解が深まり、「使える」単語に変わっていく。
④英語を読み、視聴する機会を増やし、重要な単語に出会う回数を増やす。

多読や多聴で「なかみ」に意識を集中しながら、並行して語彙も増やすには、経験的に、5分の動画で2－3個の単語を丁寧に調べて覚えようとするぐらいがストレスが少ないと思う。語彙学習に力をいれても、5個ぐらいまでだろう。欲張って多くの単語を覚えようとすると、本来のリスニングやリーディングが疎かになりがちだ。他の未知の単語は、また必要になったら調べて覚えようと割り切り、虫食いリスニングやリーディングの要領で、推察で対応することを勧める。

必要順が高そうな語彙との出会い方
また、「出会い法」で必要順の高い語彙に効果的に出会うには、自分の興味や関心のあるテーマに沿った英語の文をできるだけ多くインプット、アウトプットすることが必要になる。だから、自分の興味のある同一テーマの英語素材を、多様な動画や記事で重複して読み聴きするほうが、毎回違うテーマの素材を選ぶより、お勧めである。似たテーマの英語に繰り返し触れると、その内容に対する理解度が高まるし、そのテーマに関連する重要語彙にも繰り返し

出会いやすく、覚えやすくなるからである。

語彙の調べ方

さて、重要だと思った単語については、以下のような順で理解を深めていくことをお勧めする。

A. 英英辞典で調べる
　a0 発音を聞いて、自分で声に出して言う
　a1 意味を読む
　a2 文例を読む
　a3 語源を読む
　a4 意味がはっきりつかめなければ、英和辞典で意味を確認する
B. 他の方法で語彙に対するイメージを豊かにする
　b1 同義語・対義語を調べて、その語彙の関連語を知る
　b2 画像検索をしたり、その語彙を使っている映画のシーンを見たりして、頭の中に鮮明な画像・映像情報を加える
C. 語彙を使う練習をする
　c1 辞典にある例文を真似て文を作ってみる
　c2 自分が実際に使いそうな文を作ってみる
　c3 Collocation辞典で、いっしょに使える語彙を確認する
　c4 作った文を、声に出して言ったり、書いてみたりする

　この語彙の調べ方は、食事で言えばフルコースなので、使える時間や興味の度合いや単語の重要性に応じて、何を

するか調節してほしい。上から順に試せるように、基本的には、単語学習の重要度順にならべてあり、また、インプットからアウトプットに向けて進むように組み立てている。

英英辞典の勧め

Aで英英辞典を勧め、英和辞典をあとまわしにした理由は、英語を理解する際に無意識に日本語を経由するクセを、極力なくしたいからである。第1章の作戦4で説明した「英語だけの回路」を、できるだけ早くしっかり作るのが目標だ。たとえば、sunriseと聞いたとき、瞬時に太陽が昇る様子を頭に描きたい。これを「日の出」という日本語で覚え、その日本語を介してやっとイメージが浮かぶのでは時間がかかりすぎ、リスニングのような即時の理解が難しい。

ただし、まずは英英辞典で調べてみたが、英語の説明がよくわからなかったり、腑に落ちない感じがしたりするときは、英和辞典も使おう。英和辞典で日本語の説明を読んだ後、改めて英英辞典の説明を読むと、英語の説明がはっきり理解できることが多い。また、日本語で書かれた英語についての資料も活用して、さらに連想のチャンネルを強化するのもいい。読み物としても興味深い、日本語で書かれた英語語源辞典などが多く出版されている。目標は日本語を経由せず、英語の回路だけで意味を瞬時に捉えることであるが、英語に慣れるまでは、使えるすべての力を総動員し、日本語も援用すればいい。

さらに、単語の発音の確認も非常に重要である。単語を調べるときには、一番最初に、インターネット上の辞典に

は必ずある音声サンプルを再生し、発音を聞き、実際に声に出して言う習慣にしよう。黙読だけ、つまり「目」だけで語彙を覚えても、音のコミュニケーションであるリスニングやスピーキングでは役立たない。しかも「目と耳で」確認すると、語彙のイメージの強化にもなり、より記憶しやすくなる。

Oxford Learner's Dictionaries
https://www.oxfordlearnersdictionaries.com/

英英辞典は、私はOxford Advanced Learner's Dictionary（OALD）を長年使っていて、周囲にも勧めている。この英英辞典は特別に英語学習者向けに作られていて、オンラインのOxford Learner's Dictionariesのページから無料で使える。この辞典の最大の魅力は、大変わかりやすく簡明な英語で単語の意味を説明している点だ。読むと比較的さっと理解できる。英英辞典にありがちだが、単語を調べたら、その説明の英語で使われている単語がわからず、さらにその単語を調べるというトラブルがとても少ない。また、語彙説明の冒頭にある発音サンプルが明瞭で、真似て言うのに適している。ついでに、イギリス英語とアメリカ英語の発音が並立しているので、私は興味深く聞き比べることが多い。

この辞典を出版しているOxford University Pressは、英語辞典や英語関連の専門書ではとびぬけた歴史と実績があり、信頼されている。英語学習者向けにやさしい言葉で作られていてシンプルに見えるこの辞典も、深い知見が反映

されている。もし学習者向けの基本的な解説で物足りなければ、辞典の画面にあるリンクから、より専門的な辞典の解説を読んでいくと、学術的な理解も深まる。ただし、他の英英辞典にも捨てがたい良さがあり、アメリカ系出版社の辞典もいくつか試して、読者の好みで選ぶといいだろう。

アウトプットの語彙

　ここまでは、主にインプットで出会った単語の調べ方を述べてきたが、今度はスピーキングやライティングでのアウトプットに焦点をあてて、英語の語彙の選び方を考えよう。アウトプットこそ関心のあるテーマについて自分の考えを表現する機会であり、自分にとって必要順が高い単語を身につけることができる。ぜひ、可能な範囲で語彙の選択にこだわり、意図した意味を的確に伝えるよう心がけたい。普段のスピーキングではとっさに浮かぶ語彙を使うしかない。しかし、時間をかけて準備するライティングや、重要なプレゼンなどでは、なんとなく思いついた語彙をすぐ使うのではなく、少し時間をかけても、自分が伝えたいイメージにぴったりの語彙を探すようにする。これが、149ページに挙げた調べ方のリストのBとCになる。

　たとえば、「興味深い」を意味するinterestingは、仕事でも日常会話でも使用頻度が非常に高く、すぐ思いつくし誰もがよく使う。しかし、汎用性が高いだけに意味が漠然としていて、どんな興味深さかほとんど伝わらない。たとえば、誰かの話を聞いてとても興味深かったと伝えるとき、interestingと言っても、聞き手にはどう面白いかわからないし、印象に残らない。伝える側が興味深さの内容を少し

第3章　自分のニーズから学ぶ──英語の学び方2

深く考え、適切な意味の英語表現を探すとメッセージが鮮明になる。こうした、頻繁になんとなく使ってしまうが意味が漠然とした語彙こそ、より意味を鮮明に表現できる類義語をいくつか使えるようにして、印象に残る語彙を豊かにしたい。

類義語辞典・Thesaurusの勧め

interestingをより鮮明に表現したいとき、和英辞典で「興味深い」を調べるよりも、英語の類義語辞典（Thesaurus）を使うほうが、似た意味をもつ単語を見比べるので言葉の感覚を捉えやすい。

以下に紹介する類義語辞典は、Merriam-Websterのオンライン英英辞典に併設されているThesaurusで、上部のタブで辞典とThesaurusを簡単に切り替えられる。

Merriam-Websterは、アメリカで広く使われている英英辞典のひとつで、辞典の説明はOxford Advanced Learner's Dictionaryより難しいが、Thesaurusは使い勝手が良く、インターネット上で無料でアクセスできる。

Merriam-Webster
https://www.merriam-webster.com/

interestingをこのMerriam-WebsterのThesaurusで調べると、図15のように、数多くの同義語がならんでいて、見

interesting 1 of 2 adjective

ˈin-t(ə-)rə-stiŋ

Definition of *interesting* >

- **as in *intriguing***

    holding the attention or provoking interest
    an *interesting* lecture on conflicts in the Middle East since the demise of the Ottoman Empire

Synonyms & Similar Words

Relevance

intriguing	fascinating	engaging
exciting	absorbing	provocative
involving	gripping	enthralling
engrossing	entertaining	inspiring
riveting	amusing	amazing
consuming	attractive	unusual
arresting	enchanting	thrilling
exhilarating	immersing	breathtaking
electric	striking	charming
tantalizing	curious	surprising
electrifying	alluring	stimulating
astonishing	wonderful	marveilous
showy	rousing	eventful
emphatic	odd	stirring
wondrous	galvanizing	weird
captivating	astounding	marvelous
bewitching	mesmerizing	spellbinding
hypnotizing	splashy	fabulous
eye-opening		

Antonyms & Near Antonyms

boring	uninteresting	tedious
dry	monotonous	dull
heavy	drab	tiresome
tiring	wearisome	sterile
unexciting	discouraging	wearying
dreary	pedantic	pedestrian
humdrum	disheartening	dispiriting
demoralizing	operose	

図15 Thesaurus の例

覚えのある単語も多いだろう。だから、Thesaurusを使って単語を探すと、知ってはいるものの自分では使ったことがなかった単語を、使える単語にする効果がある。また、各単語にはリンクが貼られているので、知らない単語はすぐ意味を確認できる。

 さて、interestingの同義語にはそれぞれ独自のニュアンスがある言葉がならぶ。たとえば、amazing（驚くほど面白い）、inspiring（気持ちを鼓舞して面白い）、exciting（ワクワクして面白い）、engaging（気が引きつけられて面白い）、gripping（気持ちをぐっと捉えて面白い）、entertaining（楽しませてくれて面白い）などは、interestingよりはるかに具体的で鮮明な意味を伝える。これらの単語を、再度意味を確認し覚え直しておけば、次回、interestingを使いたくなったときに、「使える」単語として活用できる。

 Merriam-WebsterのThesaurusは、意味の近さを色の濃淡で示しているので、同義語だけではなく、関連語もいっしょに確認できる。ときには、ちょっと意味が離れた単語が自分の想いにぴったり合うこともある。たとえば、charming（引き付けられる）、surprising（びっくりする）、breathtaking（息をのむ）、unusual（めずらしい）といった単語が、伝えたい気持ちをより適切に表すかもしれない。さらに、Try *This* Insteadという解説があり、状況にあわせて使える類義語がわかる。たとえば、仕事におけるinteresting workの代わりに、creative（創造性がある）、compelling（説得力がある）、impressive（印象に残る）、innovative（革新的な）などの形容詞を使うことを提案している。

Thesaurusでは対義語や反対に近い単語も参照できるので、interestingの項目を読むだけで、多くの既知の単語を比較したり、英単語の意味のつながりを感じたりすることもでき、語彙を増やすのに非常に役立つ。

私は大学の授業では、このほか、happy, important, difficultなどの常用単語について、類義語を思いつく限り言い、意味を比較する練習をする。日常的な感覚について、より具体的で鮮明に伝える語彙を複数使えるようにしておくと、英語の表現を豊かにし、その説得力を高める。

ただし、Thesaurusを使う場合に限らないが、全く知らない単語を自分で使う際には慎重になろう。辞典で調べた単語の意味を勘違いして誤用したり、不適切な表現をしてしまったりする人にしばしば出会う。語彙を選ぶ基本ルールとしては、英語での読み聴きを通してすでに何度か出会い、意味を知っていて、かつ感覚的にわかる単語だけを使うことを勧める。ただし、ときには新しい語彙を使わないと、語彙を増やせない。だから、新しい語彙を使う場合は、文例などを丁寧に読み、意味を正確に理解してから使うように心がけたい。

英英辞典、類義語辞典のほかにも語彙の強化に役立つサイトや本があるので、簡単に紹介しよう。

Collocation辞典

日本語ではあまり見かけないが、特定の単語をどんな単語と組み合わせて使うことが多いかを示し、英語として効果的な表現を探せる辞典がCollocation Dictionaryである。たとえば、ある名詞を使う際に、どの形容詞を組み合わせ

ると意味が際立つか、どの動詞を用いると動作が生き生きと描写できるかを知ることができる。豊かな表現力のある英文を書くのに役立つので、英語でレポートなどを書くときに使ってみてほしい。

先に紹介したOxford Advanced Learner's Dictionaryでも、重要な見出し語ではCollocation Dictionaryの一部が無料で参照できる。さらに、Collocation Dictionaryを検索すると、無料のオンラインサービスもいくつかある。

画像やイメージの活用

また、単語が文字の説明だけではわかりにくい場合、特に、動・植物の名前、地名、道具、文化・習慣などは、文字の辞典で調べる代わりに検索エンジンで画像検索をしてみるといい。多くの画像が表示され、意味をすぐに理解できることが多い。英単語に具体的なイメージを結びつけるので、記憶のスイッチも増やせるし、日本語を介さずにリスニングやスピーキングで即座に意味を理解できるようになる。

絵を眺める楽しさを、語彙学習に応用するのも、ときには面白い。子どものころ、昆虫図鑑や動物図鑑を眺めながら難しい名前を知らず知らずに覚えた方も多いだろう。英語でも、Picture Dictionaryとよばれる絵事典や絵図鑑があり、カテゴリーごとに整理された画像と名前や、英文の説明が列挙されている。絵を見ながら関係語彙をまとめて覚えられるので、語彙を増やすツールとして優秀だ。

近年、最新テクノロジーを活用して英語の語彙学習を支

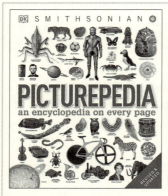
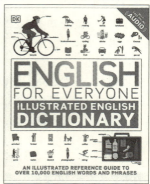

図16 左：*Picturepedia: an encyclopedia on every page*（Second Edition）　右：*English for Everyone: Illustrated English Dictionary*　両方ともDK社

援するツールが、インターネットやスマートフォン向けに数多く登場しており、今後も新規に出てくるだろう。英語の語彙を覚えるのは、世界中の英語ユーザーが抱える共通の悩み事だからだ。語彙学習を支援する新サービスは数が多すぎてフォローしきれないが、積極的に探すと新しい語彙の覚え方がさらにいろいろと見つかるだろう。

● ● ●

このように語彙の学び方を幅広く紹介すると、ひとつの単語を学ぶのにやることが多すぎて、少しげんなりするかもしれない。しかし、もちろんすべての単語をこれらの方法全部で調べる必要はない。時間の余裕や単語の重要度に応じて、最適な組み合わせを選んでいただきたい。ただ、語彙の学びに近道はなく、覚えてもすぐ忘れてしまうし、

英語の語彙は膨大で奥が深い。

　だからこそ、語彙の課題は短期間の集中学習で完結するものとは期待しない。英語と長く付き合う過程で、語彙に対する興味を持続させながら、その時々のニーズや時間の余裕にあわせ、必要順に調べ続ける。こうすることで、自分にとって必要な語彙を増やし、語彙のストレスを減らして、効果的に英語を使えるようになるだろう。

第4章 「相手に伝わる」を考える
——英語の学び方 3

文化の違いを考える英語

本章は「英語の会議とメール」に焦点をあて、文化の違いに配慮した英語コミュニケーションを考える。

第3章のスピーキングでは、自分の考えを明確に伝えることに重点を置いたため、相手への配慮については深く触れなかった。これに対し、本章で扱う英語の会議もメールも、周りとの往復コミュニケーションの一部なので、常に、相手にどう伝わるかを考えることがとても重要になる。そこで、本章では「相手に伝わる」をテーマにしながら説明していこう。第1章の作戦5で解説した、相手の文化を考えるコミュニケーションの実践的な応用である。

本章で英語の会議やメールに焦点をあてるのは、英語を使って仕事をするELFユーザーにとって、これが日常的な業務の進行に直接的な影響を与える重要なスキルだからである。しかも、英語ミーティングと言っても、業務上の目的が明確にある場合と、親睦を深める集まりでは、話の進め方がかなり違う。また、英語メールにおいても、「仕事を確実に進めるメール」と、「友だちとの情報交換のメール」では、書き方が大きく異なる。さらに、仕事の会議やメールでの英語の使い方は、学校で学ぶ英語とはかなり異なり、実際の仕事の経験を通して初めて要領を得ることも

多い。そこで、本章は仕事の現場に即したコミュニケーションの詳細について述べるので、第2章、第3章、第5章とはやや性格が異なる。仕事で英語を使うことに全く関心がない読者は、本章は飛ばして、第5章を読んでもいいだろう。

まず、第1章の特徴3と作戦5で説明した、ELFにおける文化の考え方を簡単に振り返ることから始めたい。ELFのコミュニケーションでは、相手が自分とは大きく異なる文化的背景をもつことが多い。しかし、私たちはしばしば無自覚に、自分の母語のコミュニケーション文化を英語にもちこむ。これが相手の文化と違えば、誤解を生みやすくなる。第1章では断り方の例をあげ、コミュニケーションの文化の違いに起因すると気づかずに、率直に英語で考えを言う人を「無遠慮で失礼」と思ったり、本音を言わない人を「隠し事が多くて何を考えているかわからない」と判断したりしかねないことを説明した。

このような文化の違いに気づくためには、まず、自分の文化に対する理解が必要になる。その上で、コミュニケーションをしながら、相手の文化を観察し、理解しようとすることが重要だ。ELFでは、アメリカやイギリスの文化を模倣する必要はないが、多くの人の共通の参照点として役立つため、米英文化を意識しつつ、その場にいる全員の文化を尊重し、適宜調整していくのが望ましい。

この考えをもとに、本章では、ミーティングの参加方法や、反論と説得の技術などを掘り下げる。さらに、英語のメールにおいて、母語での心遣いの表現方法の違いがどう英語表現に影響を与えるかも具体的に考察していこう。

第4章 「相手に伝わる」を考える──英語の学び方3

4.1 英語ミーティングへの参加

英語ミーティングの難しさ

英語のミーティングは、英語で仕事をする人にとって非常に重要だが、往々にして難しい。難しいのには、それなりの理由がある。英語のミーティングでは、「仕事力」、「英語力」、そして「異文化理解力」の3つの要素が関係するからだ。ここでは「仕事力」については触れないが、残りの「英語力」と「異文化理解力」に焦点をあて、ミーティングの参加にどう影響するか考える。

仕事のミーティングにおける文化は、国や企業によって違う。仕事を進める際、個々のミーティングにどんな役割があり、どんな結果を出すことを期待されているか。誰が、いつ、どう発言するのが適切か。結論はどのように形成され、個人はどうすればその結論に影響を与えられるか。第1章に登場した大仏さんの例のように、ミーティングの文化的な違いに思い及ばずに参加し、その場で初めて気づくことも多い。

たとえば、日本人が国際的なミーティングに参加すると、欧米などの参加者の活発な発言に圧倒されることがある。彼らの発言が論理的でわかりやすく聞こえたり、ときに、異論や反対意見を直接的に表明するので驚いたりする。これは、私がアメリカのビジネススクールでまず感じた、ミーティングの異文化だった。私がそれまでに経験してきた日本の会社の日本語の会議はもちろん、北京(ペキン)の米中合弁会社での英語のミーティングともかなり違い、最初はかなり

戸惑った。

　さらに、母語よりはるかに不自由な、外国語である英語を使って、議論を聴き、迅速に理解し、素早く英語にまとめ、発言するのだ。ミーティング前に発言したい内容を英語で準備しても、議論が活発に進み、予想外の意見や提案が出たり、短時間で議論がどんどん進展して、自分の考えを発言する前に、結論の方向が決まっていったりする。短時間で決まる勝負にいどむような緊張感がある。英語ミーティングの参加の難易度が高いのは当たり前だ。

　もちろん、ミーティングの目的や性格は多種多彩で、すべてが難しいわけではない。気軽なメンバーのときや、親睦目的で楽しさ優先のミーティングもある。ここでは主に仕事上重要な意思決定をしようとする英語のミーティングに「効果的に」参加するための、課題と対処法を検討する。意思決定のためのミーティングという点で共通する、地域イベントの企画を決める集まりや、学校の保護者会などに参加する際にも、参考になるだろう。

ミーティングに参加するとは

　英語のミーティングに参加すると言っても、単にその場にいて、英語での議論が進むのを聞いているだけなら難しくはない。しかし、積極的にその意思決定に貢献しようとすると、難易度は高まる。英語のミーティングでは、「静かに微笑みながら、英語の議論を聴き、発言しない人」は、他からは「我々の意見を聞いて、理解し、質問も反論もしないほど、すべてに賛成している」と解釈される可能性がある。少なくとも、欧米のミーティングでは、そうみなさ

れても文句は言えない。質問や反論のチャンスはあったのに、言わなかったのだから。

一方、自分としては、「英語が半分も聴き取れず、話についていくのがやっと。本当は反論したかったけれど、考えをうまく英語でまとめられず、発言のタイミングもわからなくて、何も言えずに終わってしまった」と思っていたりする。このギャップを埋めたい。

ミーティングの課題を分解する

こうした、日本人のノンネイティブの視点から見える英語のミーティングに参加する際に出会いやすい課題を分析すると、以下の6つにまとめられる。

①リスニングについていけない：英語が充分聴き取れないので、議論の細かい内容や、ときには全体の流れがつかめない。
②英語で意見を要領よく言えない：リスニングをしながら素早く自分の意見をまとめ、簡潔に英語で説明できない。言葉に詰まったり、ついつい同じことを何度も繰り返して言ってしまったりする。
③反論の仕方がわからない：相手の気分を害することなく、どう反論すればいいかわからない。
④説得ができない：相手を納得させる、説得力のある意見の言い方がわからない。
⑤発言のタイミングをつかめない：いつ、どのようにして発言したらいいかわからない。特に重要な論点で議論が白熱するほど、発言の機会をつかみにくい。

⑥相手の人となりが読み取れない：日本語のミーティングで感じ取れるようには、相手の性格やテーマへの関心度、立場が把握しにくい。あるいは、相手が何を考えているか、想像が難しい。

このような課題の対処法について「だからもっと英語を勉強しましょう」と言っても、短期的には変化は起こしにくい。また、必要な英語力の判断は個人によって違うので、本書を参考に、自分に合ったスキルを伸ばす訓練を考えていただくといいだろう。ここでは、すでにある程度は英語を使える前提で、現在の英語力を活かして実践できる対策を検討してみよう。

英語が聴き取れない問題

多くのELFユーザーの経験を聞いてきて、英語のミーティングに参加する際、最初に直面する壁は聴き取りにあるので、①に「リスニングについていけない」を挙げた。聴き取れないと何もできない。一方、聴き取れればある程度の対処法はある。

会議で英語が半分も理解できていないと感じたら、その議論への参加はかなり難しい。よく聴き取れないまま何も言わずに出席し続けると、重要な決定が行われた際にあとで覆すことはまずできない。参加して何も発言しなければ、それは同意したと解釈される。また、議論のおおまかな流れはつかめても、詳細が聴き取れず、価格や納期などの重要事項を誤解するリスクもある。はっきりと理解できないまま、流れに押されて議論に同意するのは避けたい。

第4章 「相手に伝わる」を考える──英語の学び方3

そのため、重要な会議にある程度の責任をもって参加する際に聴き取りに問題があると感じるなら、そう申し出て、通訳を頼んだほうがいい。また、英語が堪能な同僚に同席を依頼し、会議中に内容を随時確認する方法もある。さらに、状況が許せば「英語にまだ慣れていないので、今回は傍聴者として参加させてほしい」と主催者に予めはっきり伝えるのもひとつの選択肢だろう。こうした対策を言い出しにくくて、聴き取れるふりをして会議に出席すると、大きな誤解を招く原因となりかねない。自分から言い出さなくても、周りが自分の英語力不足を察し配慮してくれるだろうと期待しても、そうはならないことが多い。

一方で、リスニングに不安があるが自力で乗り切る必要がある状況では、考えられる対策は4つある。

(A)事前準備
(B)議論の文字化
(C)会議の進め方の変更
(D)会議後のフォロー

これらの対策は、聴き取りを容易にするだけでなく、自分の意見を言う準備や、発言の機会をつかむのにも役立つ。詳しく考えよう。

(A)事前準備

重要なミーティングでは、議題や進行計画をまとめたアジェンダとよばれる資料を作成し、事前に参加者に配布するのが一般的だ。このアジェンダを丁寧に読み、会議の流

れをできるだけ細かく予習する。主催者がアジェンダを作るのが通例だが、自分で作ったほうが準備としては役立つ。大人数の会議では難しいだろうが、2者間のミーティングなら、自分から率先してアジェンダを作って送ることも検討したい。自分でアジェンダを作ると、ミーティングの流れを深く理解し、詳細を検討し、自分が安心できる形での進行を提案しやすい。事前準備では、アジェンダにある語彙はもちろん、議論が進む中で使いそうな語彙や表現を考えて、メモをしておく。また、会議で使われる英語資料があれば、事前に入手し、内容を丁寧に読んで論点を把握しておく。ミーティング中に英語の討議を聞きながら英語の資料を読むのは非常に難しい。こうして、事前に頭の中で議題や進行、論点を具体的にイメージしておくと、リスニングは格段に楽になる。

さらに、自分が発言したい内容を、予測できる範囲で英語で準備し、練習する。発言の準備の方法は、第3章前半のスピーキングの練習を参照してほしい。

(B) 議論の文字化

ミーティング中も、アジェンダが文字で手元にあると、議論の流れを理解するのがずっと楽になる。重要かもしれない発言を聞き逃したとしても、アジェンダを見て、「今はこの部分ですね。ここがはっきり理解できませんでした」と相手に確認しやすい。アジェンダがない場合や、議論がアジェンダから逸脱して、馴染みのない単語や数字が多く出てきて混乱したら、その単語だけでも板書などで文字に書いてくれるように頼むと、理解しやすい。

Ⓒ会議の進め方の変更

 必要と感じたら、積極的に、ミーティングの進め方の変更を提案する。「全体としてもう少しゆっくり話しましょう」「ここで数分、日本語で内容を確認する時間をください」「英語の堪能なxxさんに、重要な部分を日本語に要約してもらいたいのですが」。ミーティングの場数を踏まないと、こうした提案はなかなか言い出しにくい。しかし、英語で仕事をし慣れたELFユーザーからは、会議で困った際に進め方の変更を提案して乗り越えたという経験談をしばしば聞いた。

 英語のミーティングで、自分の英語力の不足を率直に伝え、協力を頼むのは気が重い。とりわけ、多くの利害関係者や参加者がいる会議では難しいだろう。しかし、お互いの理解と協力を通して課題を解決しようとする際には、英語の問題をよりオープンに話したほうが、より成果のある協議ができると、私は考える。それぞれのミーティングの状況にあわせて、可能な範囲で率直に話す方法を検討することを勧める。

ELFとミーティング

 英語のミーティングに参加する際、英語力の差異を「英語力の上下」ではなく、「言語レパートリーの違い」と捉えるELF発想をもつと、心理的な負担が軽くなる。

 もしミーティングが、スペイン語やアラビア語で行われるなら、その言葉がわからないと堂々と言えるだろう。しかし、英語の場合、「わからない」と言うのに抵抗を感じ

る人が多い。英語は世界の共通語だし、英語ぐらいわからないと勉強不足と思われそうで恥ずかしいと感じるのかもしれない。しかし、本書で何度も述べているように、「英語力はその人の努力や能力と必ずしも正比例しない」。出身地によって、英語と他の言語の役割や使われる頻度も違うし、教育制度もさまざまである。たとえば、英語で教育を受けてきたネイティブは、中学生ぐらいから英語の議論を日常的に繰り返し経験しているだろう。彼らは、英語教育を通じて長期間充分な訓練を受け、思い通りに使える言語に支えられて、英語の議論に参加する。あなたの英語ミーティングの経験値と全く違う。

第1章で書いた通り、ELFにおける英語力は不平等であり、英語のミーティングでは、この英語力の差が影響を及ぼす。理想としては、英語力にかかわらず全員が平等に参加できる状況が望ましいが、現実のビジネスでは違うことが多い。強い英語力を背景に交渉を有利に進めようとする人もいれば、英語力の差を利用してわざとプレッシャーをかける人もいる。私は、このような状況に対して抗わないといけないと考える。だから、私は英語のミーティングでは英語力について率直に話題にするほうが、問題がないふりをするよりも良い結果を導くと信じている。

英語について、謝らない

しかし、英語力について率直に話すことは、謝ることではない。英語に慣れていない日本人が、こう言っているのをたびたび聞く。

I am sorry that my English is very poor.

第4章 「相手に伝わる」を考える——英語の学び方3

　ELF発想では、英語の上手下手は、謝ることではない。個々の英語を使ってきた歴史や経験の差だし、その人のキャリアや人生における英語の優先度の違いの表れだ。だから、淡々と礼儀をもって「もう少しゆっくり話してください」とお願いする。必要なら「まだ英語の会議に充分慣れていないので」と理由を添えてもいい。

- Could you please speak a little slower and write the numbers on the whiteboard? I am having trouble understanding.
- I was wondering if everyone could speak slower. I am not used to attending meetings in English.

　そして、謝る代わりに、"Thank you."あるいは、"Thanks for your understanding."と、お礼を言おう。会議の最後に、相手の目を見ながら握手をし笑顔で感謝を伝えるほうが、対等で長期的に良好なビジネス関係が作れる。
　なお、英語力を上下と捉えず、多様性と考えるのだから、自分より英語に不慣れな人と対話する際には、相手の状況に配慮してわかりやすい英語を使おう。

(D)会議後のフォロー
　話をもとに戻そう。ミーティングに参加する際に、聴き取りに課題があると感じるときの4つの対策の最後を説明する。ミーティングが終わったら、すぐに英語での議論を整理して議事録を作成し、自分たちが理解している内容を他の参加者と共有し、確認しておく。日本語でもミーティング後の議事録は重要だが、英語では、聞き違いや解釈の

違いのリスクが高いから、よりいっそう、理解の確認に注意が必要になる。

　英語で議事録を作るのは、日本語よりはるかに手間がかかる。しかし、直後の議事録で双方の誤解を見つければ修復できる可能性は高く、時間が経ってから問題が発見されて解決が困難になるのを防げる。

意見をまとめて、英語で言う

　ミーティングにおけるリスニングが、多くの人にとって最初に遭遇し、なかなか解決が難しい問題なので、説明が長くなってしまった。他の課題も考えよう。

　課題②「英語で意見を要領よく言えない」、課題③「反論の仕方がわからない」、課題④「説得ができない」という点は、意見の言い方として、まとめて対策を立てよう。

　実際に、ミーティング中に浮かんだアイディアを、即座に英語で表現するのは難しい。これはすぐに上達するものではなく、時間をかけて練習し、試行錯誤しながら経験を積む必要がある。この長期的な訓練は、第1章の作戦3で詳述している経験学習の考えが役立つだろう。

　短期的な対策としては、事前準備が重要で効果的である。アジェンダを予習する段階で、ミーティングで自分が言いたいことを確認して整理し、英語の表現を準備しておくと、ミーティングでの発言がかなり楽になる。英語で発言する内容の整理と練習は、第3章のスピーキングで紹介している方法を参照してほしい。

　一方で、事前に準備していない内容をその場で英語で表現する際は、第3章のスピーキングで使った型を簡単にし

た「短い型」を使うことを勧める。会議で発言するときは、たとえ英語が流暢でなくても、わかりやすく短くまとめて言うほうが、聞き手に伝わりやすく、賛同も得やすい。逆に、不必要に長くくどくどと話すと、聞き手の集中力を削ぎ、注意を逸らしてしまいがちだ。そのため、短い型を活用して、要点を押さえ効率よく自分の考えを言う練習をしよう。

この「短い型」は以下のように構成される。
結論・要旨:まず、自分の意見の要約を短く、できれば1文で言う
理由を述べる:なぜ、そう考えるか、becauseなどを続けて説明する
根拠を述べる:具体的な事例やデータなどを挙げ、自分がそう考える根拠を、できるだけ客観性をもって示す
まとめ:自分の意見をごく短くまとめるような締めの言葉を加え、はっきりと終える

このミーティングでの発言に活用を勧める「短い型」は、第3章のスピーキングのミニプレゼンの型の説明で、Bodyを構成する「トピックの型」として紹介したものと同じである。つまり、「要点、理由、根拠、まとめ」という4部構成は、英語でわかりやすく理論的に意見を述べる際に万能な基本ルールなのである。複雑で説明しにくいことを言うときほど、この型を活用して、要点、つまり短くまとめた結論を最初に言うと、理解してもらいやすい。全体的に、

文章はシンプルにし、複雑な文構造よりも、単純で短い文を積み重ねるように心がける。意見を言った際に、終わり方がわからずに困って黙りこんでしまう人に時々出会う。日本語で便利な「以上です」にあたる言葉は、英語ではThat's all, thank you.だと思う。発言の締めくくりに困ったら、試してほしい。

前の意見に肯定的にコメントする

それにしても、結論から話しはじめるのは、唐突な感じで難しい。何か枕詞(まくらことば)が欲しい。そこでお勧めなのは、前の人の発言について、短く肯定的なコメントを挟むことだ。これにより、相手の意見をきちんと聴いて尊重していることを示すので、相手もこちらの意見に興味をもちやすくなる。相手の意見を丁寧に聴けば、より深い議論ができるという効果も期待できる。たとえば、「Kenさんの考えに賛成です。私ももう一点重要なポイントを付け加えたいです」と前置きしてから、自分の意見の結論を続ける。

I agree with Ken, and I want to add one more important point. I think...

異論や反論を述べたいときも、まず相手の意見を短く肯定してから、自分の異なる考えを言うほうが、効果的である。相手に対して、「あなたの意見はきちんと聞いてこの部分はいいと思っています」と伝えた上で述べると、相手は異論でも率直に聞いて検討しやすくなる。たとえば、「Kenさんの意見もわかるが、私はこの点には賛成できない」と反論したい場合、相手への肯定的コメントの後に、

butやhoweverなどの逆説接続詞を入れてから、自分の考えを言う。この方法は、論理性や一貫性を重視する議論展開に効果的で、私もアメリカやイギリスの大学で学んだ定石である。以下の表現は反論や異論を述べる際に、使いやすい。

- I can see your point. However I disagree with...
- That's a good idea, but how about ...?

理由と根拠を述べる

意見の要旨を最初に言ったら、その意見を自分が重要と考える理由を説明する。理由も、まず要点をできるだけ簡潔に言い、その後に、より詳細な背景や問題点を説明する。頭の中に時系列で考えが浮かぶと、つい背景説明から理由を説明しがちだが、意識して要点から言おう。

そして、理由のあとに、その理由に充分な正当性があることを示す根拠を言う。第3章のスピーキングで根拠を説明する重要性を述べたが、この根拠が、会議で意見を述べる際にも重要になる。とりわけ、反論や説得ではいっそう重要である。具体的な事例、データ、信頼できる人の言葉の引用など、相手にも価値が共有できる根拠を選び、自分の意見に客観性や妥当性を加えることを目指す。状況によっては、相手の納得や共感が得られそうな経験談を根拠として述べてもいい。根拠を提示すると、その根拠の検証などの建設的な議論に進み、感情的な対立を避ける効果も期待できる。

英語の会議は、日本語の会議にくらべ、活発な意見交換が奨励され、反論も率直にできる、とよく言われ、私もそ

う感じることが多い。しかし、英語には英語なりの、相手を不快にしない配慮がある。その代表が、まず相手の発言を認めることや、客観性や妥当性がある根拠を示すことである。

相手の気持ちを考える

反論や説得を述べる際に、感情的な対立を避けるもうひとつの方法は、意見と個人の人格を明示的に区別することだ。英語のミーティングで、誰かがあなたの意見に面と向かって反論すると不快に感じるかもしれないが、怒ってはいけない。あなたの人格を否定しているわけではなく、単なる意見の相違である。冷静に相手の反論を聞き、同意できるか、再反論をするかを考えよう。

自分が反論、異論を言う際にも、相手を感情的に不快にしないように留意し、相手の人格と意見を区別する表現を心がける。具体的には、youという言葉の使い方に注意する。たとえば、相手が間違った意見を言っている、と強く思っても、"you are wrong"とは言わない。「あなた」個人ではなく、「あなたの意見」に賛成しないと言う。

反論や異論で役立つのは次のような表現だろう。

(a) I disagree (with your point).
(b) I have a different point of view.
(c) I don't agree with everything you said.
(d) Let's think of other perspectives.
(e) We could also consider other perspectives.

(a)が最も強い反論の表現で、(e)に向かうほどやわらかい反論・異論になる。反論では、さらに2点の表現の留意点がある。まず、wrong, not true, false など絶対的な価値判断の言葉で相手の意見を否定するのは意識して避け、論点を意見の正誤ではなく考え方の違いと表現する。「あなたの意見は間違っている」ではなく、(a)のように「あなたの意見に賛成はしない」と言うのが、はっきり反論するときのお勧めの表現だ。2点目に、相手に配慮を示すには、相手の意見を全否定せず、含みをもたせた表現をする。(c)はその例で、「あなたの意見のすべてには賛成はできない」と伝えている。反対に、"Ken, your idea is totally wrong." と言えば、Kenは感情的になりやすく、自身の意見を擁護したくなる。日本語でも「あなたは全面的に間違っています」は強い表現であるし、感覚的に失礼になりかねないとすぐわかる。しかし、英語では直観的に感じる力が鈍く、無意識に失礼な言い方をしてしまうことがあるので注意しよう。

英語の礼儀正しい表現

この全否定をせず含みをもたせる言い方は、英語の「礼儀正しい表現」のひとつで、こうした表現をまとめてポライトネス（politeness）とよぶ。日本の敬語的な表現に似ており、相手への敬意、配慮、思いやり、あるいはさまざまなマナーに沿った表現を含む。仕事でのコミュニケーションでは、相手との地位や権限で差がある場合が多いし、難しい頼み事や、言いにくいことを伝えなければならないこともある。そのとき、こうしたポライトネスを意識した表

現が必要になる。

　仕事の英語でポライトネスが重要な割に、学校英語では学ぶ機会が少ない。仕事の英語ミーティングやメールを書く際にはぜひ知っておきたい。そこで、英語のポライトネスの考え方を、ELF発想の仕事の英語に焦点を絞って、簡単にまとめておこう。

　ポライトネスは、**相手への敬意**が必要なときに使われるのはわかりやすい。日本語と同じで、立場が上の人、関係性の薄い未知の人にはより丁寧な表現をする。一方、**相手への配慮**とは、相手にお願いしたり、相手が聞きたくないことを言ったりするときに、相手に選択の余地を感じさせる表現を使う。親しい家族や部下であっても、頼み事や、やや相手に配慮が必要な場面では、ポライトネスに沿った表現を使うことが多い。

　たとえば、英語のミーティングで、参加者の一人に議事録の作成を担当してもらいたい場合、さまざまな頼み方の表現がある。

(a) Please take the meeting minutes.
(b) Can you take the meeting minutes?
(c) Could you take the meeting minutes?
(d) Do you mind taking the meeting minutes?
(e) I was wondering if you could take the meeting minutes.

　上から下へ、命令的なものから、非常に遠慮がちで礼儀正しい表現になっている。(a)は、please＋命令形で、仕事上の指示に聞こえる。pleaseをつけても命令形であり、当

然やってもらえるという気持ちが表現されている。英語に慣れないと、pleaseをつければ礼儀正しいお願いになると思って使う人が少なくないので、注意が必要だろう。上司や議長が、その役割をすべきと期待されている人に議事録を作ることを指示する状況にちょうどいい。

(b)は、可能であればやってくれませんか、とお願いしていて、相手への配慮が示された日常的でよく使われる丁寧な表現になる。(c)は、canをcouldに置き換えて、よろしければやってくれませんか、と打診し、ポライトネスの感覚が強くなる。(b)も(c)も、相手がsureと言ってひきうけてくれることを期待してお願いしているが、疑問形を使うことで、頼まれた側ができないと断れる柔軟性を提供している。

(d)は、はっきりと相手の意向を尊重しているので、相手への配慮の思いがより強く伝わる。

(e)は、さらに婉曲的な言い方で、かなりフォーマルな場や、相手に敬意や遠慮を示したいときの表現である。やや過剰に丁寧な感じもするので、普段はあまり使われない。たとえば、なんらかの事情があって恐縮しながら議事録をお願いしたりするシーンで使いそうだ。このように、英語のポライトネスにもレベルの差があり、状況によって使い分ける。

ポライトネスを表現する方法は多岐にわたり、本書ではとても紹介しきれないが、「感謝や賞賛を明確に伝える表現」と「相手に選択の余地を残す遠慮がちでやわらかい表現」を組み合わせると考えるといいだろう。

発言のきっかけをつかむ

次に課題⑤「発言のタイミングをつかめない」についてだが、発言したいことを頭の中で準備したら、発言のきっかけをつかまないといけない。日本語では議論の流れの中で間を見つけて発言できるが、英語ではなかなか難しい。そのための簡単な対策として、軽く手をあげることを勧める。これは学校の挙手のように勢いよく大きく手をあげるのではなく、顔の高さほどに軽く手を上げるだけでいい。人差し指を軽く立てる人もよく見かける。くわえて、議長や進行役とアイコンタクトすると、さらにいい。この方法は、発言するきっかけがなかなか見つけられない状況でも簡単にできるし、多くの場合、発言の機会を与えられる。

雑談の準備

最後に課題⑥「相手の人となりが読み取れない」である。英語のミーティングでは、日本語の会議にくらべ、相手の人柄やその話題への関心度などが感覚的にわかりにくいことが多い。これは、英語を直観的に理解しにくいことに加え、思い通りに使えない言葉に気を取られて、相手の観察が疎かになりがちだからかもしれない。そのため、相手との距離を縮め人柄を感じる機会になる雑談を、ミーティング前から準備しておくといい。

日本語の会議の冒頭では自然に雑談をするし、初対面の相手とも、なんとなく話題が見つかる。そんな雑談は無用に思えるが、実は、ミーティングの準備体操や潤滑油になる。相手の人柄や興味を知るだけでなく、この人とどう話を進めるか考える機会だ。多様な英語が混ざるELFのミー

ティングでは、相手の英語の特徴を知りその英語に慣れる貴重な機会でもある。

ただ、英語のミーティングでは、雑談をしたくてもなかなか話題が浮かばないことが多い。そこで、第3章のスピーキングで提案した「種まきの自己紹介」が役に立つ。2つ3つ、相手と話しやすそうなテーマを織り込んで自己紹介をしよう。もちろん、相手の自己紹介も丁寧に聴き、興味があることには積極的に"Tell me more about..."と返すと話が弾みはじめる。慣れない英語のミーティングの自己紹介ではやりがちだが、次に自分が話すことを考えながら上の空で相手の自己紹介を聴くと、雑談の機会を逃す。

また、相手の国について前もって調べ、楽しい話題や聞きたいことを、2つぐらい頭にいれておく。この効果は、逆の立場を想像するとすぐわかる。初対面の外国人が、「和食が好きなので、日本でいろいろ食べたいです。あなたのお勧めは何ですか？」と言ってくれれば、すぐに雑談に入れる。「日本の桜はきれいらしいですね。見てみたいものです」と言われれば、うれしいし、話題も広がる。相手の国に興味をもっていると、雑談が自然にスムーズに楽しく進められる。

どんな文化をイメージするか

これまで、英語のミーティングに参加する方法を考えるにあたり、漠然と欧米のミーティングの文化を想定して説明してきた。ところが、アメリカのミーティングだけを例にとってもその文化は多様だ。ニューヨークの銀行での投資家との会議と、サンフランシスコの新興ハイテク企業の

社内ミーティングと、デトロイトの重厚長大なメーカーの工場での打ち合わせを想像すると、会議室の様子も、参加者の服装もかなり違うし、使う英語も、ミーティングの進め方も大きく違うだろう。同様に、参加者に占めるノンネイティブの割合によっても、進め方が違うことが多い。さらに、あなたが英語を共通語として使うだろう地域として、日本から、さらに、スペインやエジプト、ブラジルやベトナムと想像すると、英語ミーティングの多様性はさらに広がる。

したがって、今まで説明してきた欧米を漠然と想定した英語のミーティングの参加方法が、自分の環境でどう応用できるかは、読者にご判断いただきたい。周りの人が話す英語を丁寧に観察して、その表現や丁寧さ具合を真似するといい。たとえば、日本人と中国人と韓国人が英語でミーティングをするときは、日本と似た上下関係への配慮が適切かもしれないし、日本語の会議よりさらに丁寧な婉曲表現が好まれるかもしれない。年配の地位の高い人がいる場合と、全員が若手社員の場合でも、文化はかなり違うだろう。

だから、ELFのミーティングでは、第1章の特徴4で説明したように、周囲をよく観察して英語の表現をすり合わせることと、同章の作戦5で述べた、周りのすべての人の多様な文化への配慮が必要である。

● ● ●

さて、ミーティングはこれぐらいにしよう。次に、相手に伝わるメールについて考える。

4.2 伝わるメール

 ここでは、受け取る側の気持ちを考えながら、自分の用件が効果的に「相手に伝わる」英語メールを書く方法を検討する。
 メールは、手紙より形式が柔軟で、個人や会社、場面によって書き方が違う。日本語のメールでも、人それぞれの書き方があるし、受け取り手にあわせて柔軟にスタイルを変えるだろう。英語のメールも同じだ。ただ、私たちノンネイティブは、英語のメールの経験値が圧倒的に低いことが多く、自分のスタイルをもつのも難しいし、個々のメールに合った英語の表現も見極めにくい。そこで、以下の3点を踏まえながら、英語メールの書き方を紹介しよう。
- 仕事で使うELF発想の英語のメールの基本
- 明解な構成をもつメールの書き方の「型」
- 日本語メールとの違い

短くてわかりやすいメール

 英語でも日本語でも、仕事のメールは目的や用件がはっきりしているので、内容が簡潔で理解しやすいことが最も重要である。これは、友人への近況報告のメールとははっきり違う。仕事のコミュニケーション手段が、手紙からメールに移行し、今では社内チャットの短いメッセージも増え、グローバルな仕事の現場では、短くて直接的な表現の英語メールが標準となっている。従来のビジネスメールの用例集にあったフォーマルなビジネス表現の多くが、今や、

無駄に長くまわりくどいと思われがちだ。実際、フォーマルな英語表現を見かける状況や頻度が減った、と周りを観察して感じる。

こうした現状に合った効果的なメールを書くには、書きはじめる前に用件を絞り、説明方法を整理し、一読で理解できる流れを考えることが大切だ。過度に難しい表現より、誰にでもわかる語彙やシンプルな表現を使う。文章も長いより短めに、まわりくどいより率直に表現する。しかし、率直な表現がいいと言っても、失礼だったり、押しつけがましかったりしてはいけない。「短くわかりやすい」と「丁寧で礼儀正しく」のバランスを考える必要がある。礼儀正しい英語については、本章の前半の英語のミーティングで触れた、ポライトネスの説明を参照してほしい。

わかりやすいメールの書き方

明確な用件をもって書くELF発想の英語メールについては、「英語がわかりやすく」「失礼がなく」「用件がすぐ理解できる」を3原則にしよう。その目的は、「誤解を生まず」「相手との信頼関係を良好にし」「できるだけ早く、確実に相手が用件に応えてくれる」ためだ。

この3原則は日本語メールにも当てはまるかもしれないが、仕事の英語メールでは、用件を最初に、明確に書くルールが徹底しているのが特徴である。そのため、英語メールを書くときは常に意識して最初の3行で用件をはっきり書く。ただし、日本のメールの書き方に慣れていると、いきなり用件に入ることに違和感をもつ人も多い。たとえば、久しぶりに仕事の知己に何かを依頼する際、日本語では

「ご無沙汰しております。酷暑の折、いかがお過ごしですか」と書くかもしれない。しかし、英語のビジネスメールの冒頭にこの挨拶は長すぎる。仕事目的の英語メールでは、挨拶は一般的に非常に短く、1行ぐらいが目安だ。単に相手の名前をよびかけるだけのことも多く、返信であれば、メールへの謝意だけのことも多い。

　最もよく見かける最初の挨拶は、こんな表現になる。
- I hope this finds you well.
- I hope you are doing well.

　上は、やや間接的表現なので少しだけかしこまった感じがする。下はもっとふだん着の言葉で、個人の仕事メールの出だしの挨拶に使いやすい。

　この1行程度の簡単な挨拶の次の行には、すぐに用件を書く。相手が読んだ際に、どんなアクションが求められているか、具体的にわかるように書く。

　用件を明確に示したあとで、その背景や理由を簡潔に説明し、なぜそのアクションが重要なのかわかってもらう。必要に応じて、なぜその人にお願いしているかも書く。続いて、そのアクションを取るために必要な情報を、具体的に説明する。相手がすぐに、気持ちよくそのアクションを取れるように配慮するわけだ。最後に、謝意や相手を思いやる短いメッセージを添える。

　この流れを、私は英語メールの「4行ルール」とよんでいるが、まとめると、こうなる。

- Subject　用件がすぐわかるキーワードを含める

- 短い挨拶
- 1行目　用件を明確に書く
- 2行目　理由や背景を説明する
- 3行目　相手のアクションに必要な情報を提供する
- 4行目　自分の気持ちを添える
- 短いおわり

　メール全文を通して、明瞭に、短く。すべての項目を1行に収めるのは難しいので、実際には、メールの本文が5行から8行に収まることを目標にする。複雑な説明が必要なメールでも、10行を超えたら再考が必要と考えよう。全情報がどうしても必要か、内容を削れないか、もっと短い英語表現を使えないかを見直す。「理由や背景」「アクションに必要な情報」は、簡潔な文で書くのが難しければ、箇条書きを勧める。

　最後に、協力への感謝や、相手への配慮、自分の思いをさっと書いて、メールに自分らしさを表現する。日本語メールの冒頭の「相手への思いの言葉」が、英語メールでは最後の「自分らしい思いの一言」になると、私は感じている。

　近年、スマートフォンでメールを読む人が増え、小さい画面で読みやすい3行を目安に、用件をさらに短くまとめるほうがいいと、アメリカのビジネスパーソンからしばしば聞く。仕事が忙しく、受け取るメールも多い人に、無駄に長いメールを送ると読んでもらえない可能性さえある。だからこそ、本文10行を見直しの目安とすることを勧めている。

英語メールの具体例　催促をする

次に、やや言いにくい用件である催促のメールの具体例を見てみよう。

社内の他部署の担当者宛てのメールを例にしよう。昨日が締め切りだったプロジェクトXYZのスケジュール案が届いていないので、今日の3時までに必ず送るように強く催促したい。社内メールなのであまり形式にこだわる必要はないが、他部署なのでやや距離感がある、微妙な関係だ。

日本語のメールだと、こんな内容になる状況設定である。

日本語メール例
件名：プロジェクトXYZのスケジュール案について

目黒様
おつかれさまです。ABC部の品川です。

早速ですが、先日からお願いしていたプロジェクトXYZのスケジュールの件でご連絡します。
昨日中にお送りいただくことになっておりましたが、まだ、届いていないようです。状況はいかがでしょうか。

貴部のスケジュールをもとに他部署との調整をする必要があり、本日中には関連部署への連絡をしたいと考えております。
本日3時までに必ずスケジュール案をお送りいただけますでしょうか。

ご多忙のところ恐縮ですが、ご協力をいただけますようお願い致します。
品川

ここで、自分ならこんな用件をどんな英語メールにするか、具体的に考えてからこの先を読み進めていただきたい。

この状況設定をアメリカで働くネイティブに頼んで書いてもらったのが、以下の例文になる。目黒さんはKenに、品川さんはAnneに名前が変わっているが、同じ状況設定だ。相手に緊急性がしっかり伝わるメールにしてほしいとリクエストした。読んで、どう感じるだろうか？

英語メール例1　ネイティブ作成

Subject: URGENT: Schedule for project XYZ

Hi Ken,

Can you please provide an update on the status of the schedule for project XYZ by 3pm today? We were meant to send it out yesterday and we've received multiple requests from different departments for an update.

Let me know if you want to chat about how we can get this done asap—I'm happy to help in any way I can.
Best regards,

第4章 「相手に伝わる」を考える──英語の学び方3

Anne

　このメールが唯一の正しい書き方ではなく、人によってはこれぐらいストレートなメールが適切と考えるという例である。日本語のメールでは終わり近くに書かれていた、「3時までに送る」という相手に求めるアクションが、冒頭に書かれているのが大きな違いだ。

　文中の、asapはas soon as possibleの省略形で、asapと小文字表記にすることが多い。

　冒頭ですぐに用件を明示的に書いてはいるが、丁寧な表現を使っている。"Can you please provide..."は、疑問形なので打診するようなニュアンスがあり、やや言葉がやわらかい。「昨日が締め切りだった」「他部署から、リクエストが来ている」と客観的事実を淡々と書き、リクエストの妥当性を伝えている。また、最後に「何か手伝えることがあれば喜んでやるよ」と手を差しのべ、リクエストが確実に実施されるように、かつ関係を円滑に保つように配慮している。

　短いメールに相手との関係性を大切に思う気持ちを表す工夫をしているが、全体としては、はっきり用件を書き、かなり厳しい印象を与える。さまざまな思いを、短い文に組み入れている点で、英語に慣れている人の表現はうまい、と思う。

　では、同じ用件を、英語を書き慣れていない日本人のビジネスパーソンはどう表現すればいいか考えてみよう。ここでは、日本人が書きがちな、英語メールとしては再考が必要な例を2件示し、その後に、日本人に書きやすい、

ELF発想のお勧めメールを示す。

　このメールの内容は、大学の授業の課題としてたびたび練習していて、以下の例文は複数の学生の表現を参考にし、組み合わせて構成している。社会経験のある学生たちは、日本のメールの冒頭の常套句(じょうとうく)、「おつかれさま」や「お世話になっております」にあたる挨拶が英語メールにないので、出だしで直接用件を書くことに、唐突な感じや違和感があって苦労したそうだ。読者は、どう感じられるだろうか。

英語メール例2　日本人の書いた英文メール1
自分の視点が強く出て、かなり命令口調。

Dear Ken,
Hello.
I'm still waiting for the schedule which you should have already sent me yesterday.
I'm having a lot of trouble with other departments. Without the schedule, we can't move on to the next step.
The deadline has already passed, so please send it to me as soon as you see this email. 3pm is the latest we can wait.

Regards,
Anne

スケジュールが届かないのは緊急度の高い問題だ、と相手に感じてもらいたい気持ちで書いているのはよくわかる。

ただ、文面では「自分が待っている」や「自分のトラブル」と自分が強調され、自己中心的な印象を相手に与えそうだ。これらの表現は日本語では一般に主語を省いて書くが、英語では主語の「私」が必要になる。主語の「私」が繰り返し入ると、主観的で感情的な印象を与えがちになる。「3時までしか待てない」も、同様の理由で、Weと我々を主語にせず、客観的状況として書くとよかった。また、後半にやっと登場する、相手にやってもらいたい用件は、"please send it to me"と命令形で書かれているので、上から命令している感じがする。

　全体の印象は、怒っている上司のようなメールで、感情的で大人げない印象を与えかねない。日本語メールの流れを踏襲して状況説明から始める一方で、日本語メール特有の相手に斟酌(しんしゃく)して和らげる言葉を省き、かつ主語の「私」が繰り返し出てくるので、自己中心でぶっきらぼうな印象のメールになるのだと思う。これを読んだアメリカ人の一人は、かなり失礼なメールに感じると言った。

英語メール例3　日本人が書いた英文メール2
まわりくどくて、用件がわかりにくい。

Dear Ken,

As you know, you promised that the Project XYZ schedule would be sent by yesterday.
Unfortunately, I have not received it yet.
If you are unable to send it by 3pm today, please call me.

I believe and will be waiting for you to complete your work.

Best regards,
Anne

　言いにくいことを丁寧に伝えようとして、「送ってくれ」と直接言わず、まわりくどく表現している。相手によっては「3時までに送ってくれ」という肝心の用件がすぐわからないかもしれない。また、英語だから主語が必要で、今度はyouを多用した結果、相手を責めている感じが強くなってしまった。特に、"you promised"は避けたい。promiseはかなり強いコミットメントを意味し、これを履行しなかったと相手に言うと、強い非難の感覚がある。

　unfortunatelyも、使いやすい重宝な言葉だが、不運な事態というよりは相手に責任があるこの状況では、皮肉のように聞こえるかもしれない。最後の文は、相手への信頼感を書いて不愛想な感じを和らげようとしたそうだが、かえって、先生が生徒に小言を言っているような説教くささを感じる。全体として、「3時までに送ってくれ」と率直に言うのを避ける思いやりが、かえって伝わりにくく相手を責める感じのメールにしている。

英語メール例4　日本人として書きやすい英語メール
ELF発想としてお勧め。
　同じ催促の課題を、ELF発想で、先に紹介した基本の「4行ルール」を応用して書くとこうなった。英語がわかりやすく、失礼がなく、用件がすぐ理解できる、の3原則

第4章 「相手に伝わる」を考える——英語の学び方3

を意識して書いている。

> Subject: Project XYZ Schedule
>
> Dear Ken,
> Could you please send me the Project XYZ schedule by 3pm today?
> We need to have this schedule to work with other departments to proceed with the tasks. They were expecting to receive it yesterday.
>
> If you have any difficulties, please contact me.
>
> Thank you.
> Anne

　このメールの出だしは、用件を直球で明瞭に書いているが、言い方は打診の形をとり丁寧な表現を使っている。続く説明では客観的事実を中心に淡々と既述し、IやyouをIや不必要に主語として強調しないようにした。最後には軽く相手への配慮も加えた。

　ところで、日本語のメールに慣れていると、最後に、「どうぞよろしくお願いします」と書きたくなる。そこで、日本人の書くメールでは、Thank you for your understanding. や、Thank you for your corporation. が終わりによく添えられる。間違いではないし、いろいろな場面で役立つ表現だが、日本人は、この表現を英語のメールでは必要ではな

193

い場面でも使いすぎる、と私は何度か言われてきた。そこで、このメールは、相手の協力に感謝を示すのに、簡潔な Thank you, を使っている。あるいは、一般的な Best wishes, や柔らかい Warm regards, で終わってもいいだろう。

例4も、唯一の正解として示すのではなく、書き方の一例である。相手との距離感や状況によって、調節する必要がある。この4つの例は、どれも文法的には間違っていないし、用件は同じである。しかし、表現の丁寧さや、伝える順番、方法が違う。全体の丁寧さの度合いは、相手の顔を思い浮かべ自分が心地よく感じる書き方で調整するといい。最終的には、メールは人柄の表現である。

英語メールの書き方のまとめ

ただ、英語のメールを書き慣れないと、自分に合った書き方を見つけるのは難しい。そこで、まずは以下のステップで確認しながら、英語メールを書くことを勧める。

①まず、先にあげた英語メールの4行ルールに沿って、英語で下書きを書く。
- Subject　用件がすぐわかるキーワードを含める
- 短い挨拶
- 1行目　用件を明確に書く
- 2行目　理由や背景を説明する
- 3行目　相手のアクションに必要な情報を提供する
- 4行目　自分の気持ちを添える
- 短いおわり

②その後、相手の目線に立って、以下の3点をチェックしながら読み直す。
  • 1行目を読んだら、用件がはっきりわかるか？
  • 無駄に重複している内容はないか？
  • 不快になるような表現はないか？
③ワープロなどのスペルチェック機能等を利用し、スペルや文法の間違いを直す。
④もう一度全文を読み直し、強い違和感がないか確認したあとで、発信する。

　③のスペルチェックは、日本語と英語では、使用頻度や役割が違うと感じるので、説明を加えたい。英語のライティングでは、スペルチェック機能が、ワープロでもメールソフトでも広く普及し、機能も近年大きく向上している。基本的な英語のスペルや文法の間違いを探し出し、訂正を提案する。この機能が普及した現在、ひと手間をかけてスペルチェックをすることは、英語メールのエチケットとなっている。英語メールの単純なスペルミスは、以前は英語力の問題だったが、今は「スペルチェックをめんどうくさがる、仕事が雑な人だ」という印象を与えかねない。
　以上の手順で、仕事目的のシンプルな英語メールは書ける。
　次に英語を書き慣れていなかったり、言いにくい内容で適切な英語表現が浮かばなかったりする場合の対策も紹介する。

英語メールの表現の探し方

すぐできる方法は、インターネット検索でメールのサンプルを探し、2-3件例文や解説を読んで良さそうな表現を真似ることだ。検索には英語を使ったほうが断然いい。英語として自然で、広く使われている例文を読むことができる。たとえば、催促のメールを検索する場合は、"email, sample, request"などのキーワードを使う。日本語を使って英語メールの文例を検索すると、上位に出てくるサイトは限られているし、日本人特有のあまり自然でない例文が含まれる場合があるので、お勧めしない。

あるいは、評判のいい英語ビジネスメールの書き方の本を1冊購入し、手元に置いて参考にするのもいい。挨拶、依頼、苦情、催促など、メールの目的別にまとめられていて、状況や相手によってどう英語表現を変えるかの解説と、複数の例文がある本を選ぶと使いやすい。また、時代とともに仕事の進め方が変わり、英語メールの書き方も変化しているので、数年以内に出版された書籍を選ぼう。

AIを使ってメールを書く

さて、仕事の実務では、AIテクノロジー、つまり人工知能を応用したソフトを使ってメールを書く人が増えている、と周りを見ていて感じる。英語力を伸ばしたいELFユーザーがテクノロジーとどう付き合うといいかは次章で詳しく考えるが、ここでは、AIを活用してメールを書く方法も簡単に検討しておこう。

原則は、AIに任せきりにせず、AIを添削者として使う。つまり、最初のドラフトはできるだけ自分なりの英語で書

きAIに添削を指示する。AIが提示する修正も、そのまま受け入れず、ひとつずつ確認して、妥当で必要な修正だけを取り入れる。

自分で英文ドラフトを書くことを勧める理由は3つある。第1に、AI翻訳の過程で、間違いが起こりやすいからだ。英語で翻訳しやすいように日本語のドラフトを書いたつもりでも、AIの翻訳で、主語と目的語の関係が入れ替わっているなど、致命的な間違いが、しばしば起こる。たとえば、「彼が私に親切にしてくれた」礼状を書いているのに、「私が彼に親切にした」内容になっていたことがあった。こんなメールを確認せずに発信したら、とても失礼だろう。

第2の理由は、メールで強調したい要点や相手へのメッセージを、自分なりの表現で考えたほうがより正確に自分の想いを表現しやすいからだ。たとえば、感謝を伝えるとき、感じたままの率直な言葉を選ぶほうが、誰もが使う英語の常套句より味がある。まずは自分の気持ちを英語で表し、AIが違う表現を提案したときには比較した上で納得できるほうを選ぶと、自分に合った表現ができる。

最後に、自分なりに英語メールを書いてみる試行錯誤が、英語力を伸ばす学びのプロセスに重要だからだ。英語の下書きを書きながら、この表現でいいか、この単語は状況にあっているかと具体的に考え、さらにAIの提案をひとつひとつ吟味する、その能動的なステップに私たちの英語の学びがある。楽な方法を取ると、わかったような気持ちになっても、学びの効果は薄くなる[1]。

生成AIを使ってメールを書く方法

では、AIテクノロジーを添削に使う具体的なステップを説明しよう。まずは、4行ルールを活用して、自分なりに考えた英語のドラフトを書く。次に、そのドラフトが、仕事メールにふさわしい自然で正確な英語かどうかチェックするように生成AIに指示する。このとき、メールの相手との関係や目的、望ましい英語のトーンを必要に応じて伝えると、より自分の目的に合った提案が得られる。

生成AIでメールを添削するとき、英語で対話することを強く勧める。AIへの指示や問いを英語でする、この小さなひと手間が、英語の対話力を伸ばす。なお、メールのドラフトを生成AIに書き込むとき、個人や機密の情報を削除することを、くれぐれもお忘れなく。

英語で生成AIに指示を出す際のごくシンプルな型である「やってもらいたいこと、その際のやり方や注意点、状況説明」を英語で書く。たとえば、こんな指示になる。

Please review my email draft and suggest improvements. Make sure that it is natural, clear, and grammatically correct for business communication. This email is for a colleague within my company.
［下書き英文を入れる］

すると、あっけないほどすぐに、生成AIが推敲案(すいこうあん)を提示するだろう。このとき、どこが変わったかわかりにくければ、追加質問をして変更点を箇条書きにしてもらうと便利だ。

Please list your changes using bullet points.

生成AIが提案する変更を丁寧に読み、それぞれに納得がいくか考える。自分なりに適切と判断した変更のみを反映してメールを最終版にする。

変更の提案の理由が不明瞭な場合は、説明を求める。

Please explain why you changed xxx to yyy.

AIの提案を読んで、予め考えていたメールと違うと思ったら、書き直しを指示する。メールの内容の事実関係の正確性はもちろんだが、メールの長さや丁寧さなど、表現から受ける印象も重要だ。たとえば、丁寧すぎて堅苦しいと感じたら、以下のような指示を出せる。

- Can you make the draft less formal?
- Can you make the draft more casual?

指示を出すとき、less（上の例のless formal）を使うと調整の度合いが少な目で、more（上の例のmore casual）を使うとより大きい変更が提案される傾向があるようだ。何回でも指示を繰り返して微調整し、感覚に合うまで生成AIと対話を続けると、アウトプットの質をあげ、同時に英語の学びを深めることができる。

英語のメールの全体の「感じ」を調整する指示を出す際に役立ちそうな形容詞を表5に示す。

私の経験では、生成AIの書くメールは、英語の文は間違ってはいないが、ややくどいことが多い。しばしば、饒舌で丁寧すぎて、無機質で機械的なメールの匂いが強い。そのため、私は多くの場合少し短めにするように指示を出す。このあたりは、読者の好みや、メールを受け取る相手

表5 生成AIの表現調節に役立つ形容詞

形容詞の例	和訳例	比較級
long	長い	longer
short	短い	shorter
formal	正式な	more formal
casual	カジュアルな	more casual
serious	真剣な	more serious
fun	楽しい	more fun
professional	プロフェッショナルな	more professional
friendly	友好的な	more friendly
polite	丁寧な	more polite
direct	直接的な	more direct

の顔を思い浮かべて判断していただきたい。

また、本書ではAIへの指示文の英語を、pleaseを使った丁寧な文体で書いているが、これは私の好みである。pleaseやcan youをつける必要性はないので、読者は自分の書きやすいスタイルの英語を使うといいだろう。

AIの翻訳機能を使ってメールを書く方法

英語のメールのドラフトを書く時間がどうしても取れない場合もあると思うので、AIの自動翻訳を使う際の要点を簡単にまとめる。

AIの自動翻訳を使う前提で書く「日本語での英語メールの下書き」は、英語に翻訳しやすいように意識して書き、日本語のメールとしての自然さは求めない。具体的には、誤解を避けるため、すべての文章に必ず主語を入れる。ここで、Iやyouの使い過ぎにならないよう、モノや固有名

詞を主語にする文も織り込んでいこう。簡明に用件を書いた日本語文を、英語メールの4行ルールに沿って淡々と重ねる。日本語メールに特有な挨拶や常套句は原則として省き、機能的に必要な表現だけに絞る。翻訳されるであろう英語をイメージしながら、英語メールの順番で日本語を書く。

　私の経験では、翻訳の目的でも、翻訳を専門とするAI翻訳ソフトより、何でも屋の生成AIのほうが柔軟性が高く、最終的に自分のイメージに合ったメールを作りやすい。翻訳ソフトでは1回だけの操作になりがちだが、生成AIは気軽に対話をしながら微妙で感覚的な修正をできるからだろう。ただ、AIの進化は日進月歩、読者がメールを書くタイミングでどんなAIツールが最適かは、広く検討していただきたい。

● ● ●

　ここまで、相手に伝わることを重視して、英語を使う方法をまとめた。次章では、より積極的に、テクノロジーを使った英語の学習・使用法を、英語のリーディングと文法を中心に考える。

第5章 テクノロジーを活用する
——英語の学び方 4

これまでの章でも、英語の学び方や使い方に、新しいテクノロジー、特に生成AIを使うことを提案してきたが、本章ではよりはっきりとテクノロジーに焦点をあわせる。まず、テクノロジーと英語の関係について概観し、その後、英語のリーディングと文法を中心に、テクノロジーを活用した英語勉強法や使い方を考える。テクノロジーを使いながら、英語力を伸ばす方法を探求したい。

テクノロジーと英語

英語や多言語の世界は、テクノロジーによって劇的に変化しており、その革新は日々加速している。新しいソフトやサービスが次々と登場し、新たに可能になったことは、追いかけきれないほど多い。

たとえば、誰もが当たり前に視聴しているYouTubeは、英語学習の方法や、英語コンテンツの普及を革命的に変えた。動画や映画の自動字幕生成機能やインターネット上の情報の自動翻訳は、日本語と英語の言葉の壁を圧倒的に低くした。オンライン会議技術は、私たちのように普段英語を使わないノンネイティブにも英語を使う機会を無限に提供している。そして、AI（Artificial Intelligence＝人工知能）の進化が、英語の環境を、さらに深く、劇的に変えること

は確実視されている⁽¹⁾。

　日本でも生成AIは注目されているが、英語の世界ではさらに早く、広く、挑戦的な方法でテクノロジーが応用されている。まず、「英語圏における英語」、たとえばアメリカのビジネスパーソンが英語で仕事をする方法が、生成AIの登場以来大きく変わりつつある。海外の英語やコミュニケーション関連の学会では、AIの応用が活発に議論され、インターネットではAIを活用した仕事の効率化の方法が共有されている。さらに、多言語学習でもテクノロジーを使った変革は盛んである。この分野では、ヨーロッパやアジアの非英語圏出身者の活躍も目立ち、たとえば、先進的な多言語学習ソフトのDuolingoの開発者はグアテマラ生まれだし、英語の発音練習サービスのELSA Speakの創業者はベトナム出身だ。外国語、特に英語を学ぶために、世界中のノンネイティブが膨大な時間と労力と資金、知的エネルギーを投入している。そして、その変革の中心に、AIがある。

　世界的な視点で見ると、英語で仕事をする人々の間では、AIの活用が急速に普及している。AIを使うと、より効率的に情報を集め、分析し、アウトプットすることができるからである。特に、「英語で書く」ことにおいては、高校生のエッセーからビジネスドキュメントに至るまで、すでに顕著な変化が報告されている。たとえば、アメリカの研究によると、仕事で文章を書く際にAIを使うと、書くためにかかる時間が平均で半分以下に短縮され、さらに文章の質も維持されるか向上したそうだ⁽²⁾。とりわけ文章の質の向上が顕著なのは、英語の文章力やコミュニケーション

力が低めの人だったそうだ。これは、英語の表現力や正確性に課題を抱える私たちノンネイティブが、AIを使って英語のアウトプットの質を大きく向上させる可能性を示唆するので、朗報だ。

　一方で、日本の英語教育の現場では、個人的な印象だが、新しいテクノロジー、特にAIの利用にはまだ懐疑的な見解が多く、それを「ずるい」英語学習法と感じる人も少なくないようだ。しかし、私は長期的には、生成AIをアシスタントとして活用し、英語を使って自分の能力をより効果的に発揮することが、英語学習者や使用者にとって当たり前になると考えている。

個人の視点から考えるテクノロジー

　ところで、私は穏健なテクノロジーの利用者に過ぎず、世界の英語研究者の報告や英語によるオンラインコースから、AIと言語についての先進的な視点や活用法を日々学んでいる。また、AIの応用には、教育、倫理、著作権、環境への負荷など多面的な課題が絡み合い、リスクの管理も必要であり、議論すべき課題は山積みだ。さらにAIの変化は急で、今はまだ存在しない新テクノロジーが、今後、多言語の世界をどう変えるのか、想像もつかない。

　このように制限は多いが、今わかる範囲でテクノロジーと英語について書くのは重要だと考えている。AIを無視してELFユーザーの今後の英語学習を考えることは、大きな「穴」を抱えることになるからである。今すぐ手軽に使えるテクノロジーを活用するだけでも、英語の学び方や使い方を大きく変える。しかも、その恩恵は、特に、英語力不足

を感じて苦戦したり躊躇したりしている人に役立つだろう。

私自身も、英語を学び、使うにあたり、劇的に進化するテクノロジーを心がけて積極的に取り入れてきた。その結果、私の英語力の弱点や挑戦したい課題に対して、画期的な支援をもたらしてくれている。テクノロジーを活用しなければ、今のように英語の論文を書いたり、海外の研究者と協働したり、海外にいるELFユーザーの経験をZoomで聞き取ったりすることはできなかった。テクノロジーを使うことで、英語の学び方と使い方が、飛躍的に効率的で自律的になった。テクノロジーの活用は私にとって不可欠だ。

しかし、テクノロジーを、どこまで、どう使うかは個人の選択に委ねられている。本章では、テクノロジーを英語の学び方や使い方に応用する具体的な例を紹介し、読者がどうテクノロジーを利用するかを判断する助けとなるように努めたい。

本章では、英語を学び、使おうとする人々の視点に絞ってさまざまなテクノロジーの活用を考え、それ以外の重要な議論は他にゆずる。また、テクノロジーの進化は早く、言語学の客観的な研究結果は少ないので、本章の議論は主に私の個人的な考えに基づくことをお断りする。

テクノロジーを使うリスク

ELFユーザーの多くは、日常的にAI英文校正やAI翻訳を利用し、その恩恵を実感しているだろう。生成AIを活用すると、英語の情報収集が瞬時に可能になり、簡単に日本語に翻訳できて、しかも、英語で書く文章は（一見）流暢になるので、英語を読み書きするストレスが減るが、も

第5章 テクノロジーを活用する──英語の学び方4

ちろんリスクもある。ここではまず、生成AIをアシスタントにして英語を使う際のリスクを、以下の3つの視点で考える。

①生成AIの返答の不正確さ
②細かいニュアンスの喪失や改変
③AIへの依存による英語力の退化

　①と②は似ているが、①は「間違いの危険」で、②は伝えようとする「細かい内容や感覚が変質してしまう」ことを意味する。①はわかりやすい。仕事で英語と日本語で情報を行き来させるとき、その過程で情報が間違ったり、不正確になったりすると、大きな問題を引き起こすリスクがある。たとえば、AI翻訳の正確さは驚異的に進化していると感心するが、致命的な間違いを見つけることも少なくない。主語が間違っていたり、書いたはずの重要な条件が正確に反映されなかったりする。また、生成AIによる情報収集には、不正確な情報が混じることがある。英語の文法について質問した際に、文法の頻出誤用を「文法的に正しい」と、生成AIがもっともらしく解説したことがあった。だから、AIの提案を使う際には、情報や翻訳の正確さを自分で丁寧に確認することが必須である。
　一方で②のニュアンスの問題は、見えにくいリスクだ。オリジナルの文に込めたニュアンスや思い入れが、AIによる翻訳や推敲の過程で失われたり、変わったりしてしまうことである。AIの返答は、AIが学習してきた膨大な英文の中で頻出する言葉や表現を確率で選び作文する。結果

として、流暢で自信に満ちた英文で回答が提示されるが、私たちのニーズに合わないことも多い。AIの英文の添削は、難しすぎる単語や表現が入ったり、過剰に丁寧だったり、不必要に長文になったりするとしばしば感じる。また、目上の人への配慮を込めて書いたつもりのメールが、気軽な日常語に書き換えられ失礼な感じになったこともある。ここが重要だと、自分なりにこだわりをもって使った語彙を、AIが英語ネイティブの常套句に置き換えて、意味がぼやけたと感じたこともある。

このような問題は、AIが英語から自動翻訳した日本語にも見られる。日本語の文だけを読んでいると意味があいまいでよくわからず、英語の原文を読んでやっと書き手の意図がわかることも多い。これらは、英文の書き手の意図とAIの解釈が違うために起こる問題だろう。だから、私たちは自分の想いや目的にあわせて、AIの提案を慎重に確認し、必要に応じて修正して使わなくてはいけない。

③の英語力の退化は、AIに過度に依存することで、自分で英語を読んだり書いたりする機会が減ることに起因する。①と②のように、生成AIの書く英文を自分なりに理解し、確認するためには、一定の英語力が必要で、この力がないとAIの提案を、適切に吟味、評価できなくなる。たとえば、AI翻訳に依存して日本語だけで情報を処理してあとはAIに任せきり、自分では英語を全く読み書きせずにいたら、英語力は鈍っていくだろう。

しかし、AIの作業は自分でやるよりはるかに速く、生成される英語も流暢で洗練されているので、完全に任せきりにしない意思をもち続けるのは難しい。今後は、AIが

作成した、英語は流暢で饒舌だが意味がぼやけて人の感触が薄い文章が増えていくだろう。だからこそ、AIの間違いや不足を感知し、自分独自の考えや提案を納得のいく英語で表現できる力が重要になる。AIをアシスタントとして活用はするが、自分の英語力も鍛え続ける、そんな方法を私も模索している最中である。

ここからはテクノロジーを活用する英語勉強法を具体的に考える。まずデジタル化で大きな変化が生まれているリーディングについて、テクノロジーを活用しながら英語を読む訓練をする方法を考えよう。

5.1 英語のリーディング力

私たちが日常的に「読む」対象は、日本語でもデジタルの情報が多くなっているが、英語ではその傾向はさらに強い。英語の文章の多くは日本の外で作成されるから、紙に印刷して届けるコストや時差を考えれば、デジタルの読書が主流になるのは自然だろう。私自身も、授業で使う英語教科書をのぞけば、英語を読むのはほぼすべてデジタル機器の画面上である。英語においては、本や雑誌、手紙などの従来の読書メディアは、社会生活では今後さらに稀になるだろう。

このように、日本人の英語のリーディングは、今後ますますコンピュータ上の英語情報に移行すると考えられるので、本章では、デジタルの英文を読むスキルに焦点をあてる。

英語を読む力を伸ばすためには、リスニングと同じで、

精読と多読をバランス良く行う必要がある。精読では短めの文章を丁寧に読み、英語の語彙や表現、文法にも注意を払う。一方、多読では興味に沿って多くの文章を読み、「なかみ」の理解に集中する。

仕事で英語を使うELFユーザーは、仕事上必要なメールや書類は精読するので、1ページ程度の英語を読む機会は多い。しかし、一部の職種を除き、長文の英語を頻繁に読む人は、意外と少ない。そこで本章では英語の多読について、ELFユーザーが継続して取り組みやすい方法を考える。ちなみに、興味のある英文を多読すれば、その中から重要な部分を選んで精読することができる。つまり、多読をすれば、精読の機会も増えるのである。

多読の目標

英語のテキストはあふれているし、英語多読に学習効果があるのはわかっている。しかし、英語を日常的に読み続けるのは難しい。仕事で英語を使っている人に聞いても、忙しい仕事や生活の中で毎日英語を読み続けている人は少ない。

ちなみに、英語のリーディング力を伸ばすには、1年間に約50万語、大学レベルの教科書を1.5冊程度か、小説を6冊読むと、ある程度のスキルの向上が期待できるそうだ[3]。そこで、大雑把に計算して、インターネット上の2000ワード程度の長めの記事を週に4－5本読むことを目標に設定し、英語の読解力を伸ばす方法を考えよう。

第5章 テクノロジーを活用する──英語の学び方4

英語のリーディングが難しい理由

多読と言えば、毎日、英語のニュース記事を読むとか、英語の本を通読することが思い浮かぶ。日本語では無意識にできるこうした読書が、英語では難しい。その主な理由は、以下の3つだろう。

①知らない語彙が多すぎて、調べるときりがない
②一度に集中して英語を読み続けられる時間が短い
③日本語でなく、あえて英語で読む動機が見つけにくい

この3つのハードルをなんとか乗り越える多読法を探っていこう。

ニュースを読む

まず、英語多読で真っ先に思い浮かぶ、英語ニュースについて考える。インターネットの普及によって、無数の英語のニュースを瞬時に読めるようになり、その多くに無料でアクセスできる。しかも、インターネット上の英語記事は世界中の人に読まれることを目指し、やさしくわかりやすい英語、Plain Englishで書かれることが多くなっている。難解な表現やネイティブ独特の言い回しが続く、手も足も出ない英語記事は少なくなった。

さらに、インターネット上の英語記事を読むのに役立つテクノロジーが続々と登場している。特に役立つのが、マウスで簡単に単語の意味が飛び出す辞典（Pop-up Dictionary）とテキストの読み上げ機能（Text-to-speech）で、私も常用している。

Pop-up Dictionary

飛び出す辞典（Pop-up Dictionary）を使うと、意味を知りたい単語をダブルクリックや右クリックすることで、その画面上に、直接語彙の説明が表示される。これは、従来の辞典を使うよりはるかに簡単だ。多くのサービスが登場しているが、Googleが提供する拡張機能を例にとって紹介する。

> **Google Dictionary** (by Google)
> https://chromewebstore.google.com/detail/google-dictionary-by-goog/mgijmajocgfcbeboacabfgobmjgjcoja

これは、Google Chromeで使うと安定性と手軽さに優れて、英語と日本語の語彙説明をすぐ切り替えられる点で利便性も高い。ただし、使っている機種やソフトによって使えるPop-up Dictionaryは違うので、それぞれ確認していただきたい。

図17の上図では、functionallyという副詞の解説がダブルクリックで表示されている。英語での意味解説に加え、発音もコンピュータの読み上げではあるがすぐ聞けるので、毎回ぜひ確認したい。下図は、英語で意味が理解しにくい場合に、ウィンドウの左下にある翻訳機能で日本語に切り替え、日本語で意味を確認している例である。ただし、日本語に切り替えた後の発音は、典型的なカタカナ読みなので、こちらの音読は参考にできない。

第2章で提案した虫食いリスニングでは、必要順で語彙を絞り込んで詳しく調べて覚えることを勧めた。しかし、

第5章 テクノロジーを活用する──英語の学び方4

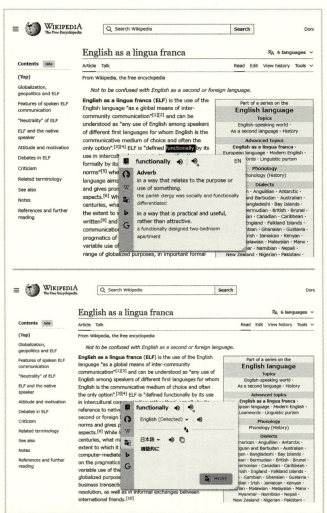

図17 Pop-up Dictionary の使用例

リーディングでは、飛び出す辞典を使うと、リーディングを中断することなく知りたい単語を即座に調べることができる。この方法なら、調べた語彙を覚えようと無理せずに、気になる単語は気楽に「調べ捨てて」先に進み、同じ単語を繰り返し調べても気にしなくていい。語彙でひっかかるストレスを最小限に抑えながら、快適に英語を多読して、リーディング力を高められる。

　Googleのほかに、有力な英英辞典や日本の英和辞典も飛び出す辞典を提供しているので、興味があればさまざまなものを試して、自分に合ったものを選んでいただきたい。

英語の読み上げ機能

　一方、音声読み上げソフトは、英語のリーディングの集中力を高め、理解度を上げる手助けをする。AI技術の発展により、自動音声読み上げソフトは画期的に進歩している。日本語でも日常的に使われるようになっているが、英語の読み上げ機能はさらに強力で、発音やリズムがすっかり自然になり、さまざまに特色のある英語の声が選べるソフトも多い。この英語読み上げソフトの活用を、リーディングの訓練に勧める理由は3つある。

①ボタンひとつで読み上げが始まり、英文を読みはじめるときの億劫（おっくう）な気持ちを断ち切ることができる
②目と耳の両方で英語情報を得ることで、理解が深まり、リスニングの訓練にもなる
③読み上げのスピードにあわせて素早く読み進めながら、大意を捉える訓練になる

第5章 テクノロジーを活用する──英語の学び方4

日本語を母語とする私たちは、慣れないアルファベットの羅列を追うこと自体が億劫だし、文字をひとつずつ読む傾向があり、時間がかかって疲れやすく、集中できる時間が短い。さらに、「なかみ」に集中する前に、英語の語彙や表現、文法を考えがちで、ついつい日本語に翻訳しはじめてしまう。読み上げ音声を聴きながら英文を読むと、こうしたクセをすっぱりやめる必要があり、多読の練習にとてもいい。もちろん、音声についていけなくなったら簡単に停止できるし、読みが速すぎたら、調整してゆっくりにする。

音声読み上げ機能は、ワープロやデジタルブックをはじめ、多くのデジタル機器のソフトに標準装備されている。また、インターネットにあるテキストを読み上げるソフトやサービスも数多くあり、選ぶのに困るほどだ。私は、機

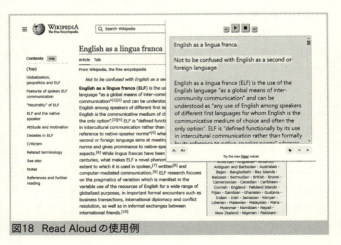

図18　Read Aloud の使用例

> **Read Aloud: A Text to Speech Voice Reader**
> https://chromewebstore.google.com/detail/read-aloud-a-text-to-spee/hdhinadidafjejdhmfkjgnolgimiaplp

能は限られているが、無料で簡単に使え、世界的にユーザーが多いRead Aloud: A Text to Speech Voice Readerを長年使っている。これはGoogle Chromeの拡張機能なので、ブラウザ上でアイコンを押すだけで、読み上げが始まる。イギリスやアメリカ、その他の多様な英語を選べ、もちろん男女の声の選択もある。

この「飛び出す辞典」と「音声読み上げ」は、英語でリーディングをする世界中の人々に広く使われている。同様のサービスの選択肢は大きく広がっているので、読者の好みや使う機材にあわせて試していただきたい。

読む記事を選ぶ

さて、英語リーディングを助けるソフトは手に入れたが、何を読んだら面白いだろう。日本語ではなく、あえて英語で読みたくなるインターネット記事をどう見つけようか。

アメリカやイギリスを中心に、英語圏では数多くのメディアがあり、毎日無数の記事が公開される。多読と言うと、これまでは新聞や雑誌を定期購読するように、特定のメディアの記事を読むイメージがあったかもしれない。しかし、これからは、キーワードで検索し、複数のメディアの記事を読むことを勧めたい。デジタルならではの読み方で、新聞や雑誌が紙の時代には難しかった贅沢な選択ができる。

キーワード検索で記事を探すことを勧める理由は4点に

第5章 テクノロジーを活用する――英語の学び方4

集約できる。まず、自分に合うメディアを見つけるには、幅広く読み比べる必要があるからだ。海外のメディアはしばしば鮮明な政治的、社会的立場をもち、その視点で書かれた記事が多い。キーワードで検索し、上位から数本読めば、複数のメディアを比較し、自分に適したメディアにめぐりあえるだろう。

次に、検索をして同じテーマについて違うメディアの記事を読むと、そのテーマについての世論の全体像がわかる。無意識に、特定の視点のメディアの記事ばかりを読んでいると、違う意見に気づかない危険がある。アメリカの大統領選や中絶問題、イギリスのEU離脱の評価など、世論を深く分断するテーマの記事は特にこの点に注意が必要だ。

第3に、検索を通じて、そのテーマを深く扱う専門性の高いメディアにめぐりあえると、英語リーディングがより楽しくなる。特定のニッチなテーマに焦点をあてた深い情報を読むと、日本語ではなく、あえて英語でリーディングをする強い動機付けになる。

最後に、同じテーマの記事を複数読むと、同じ語彙や表現が繰り返し登場し、より鮮明に英文が理解できて英語力の向上につながりやすい。先に、単語を調べてもあえて覚えなくてもいいと書いたが、繰り返し出てくる単語は自然に馴染み、覚えやすい。これらの単語は、第3章の語彙の説明で挙げた、必要順で3番目の「テーマ語彙」でもある。

検索をして英語を読む

検索するキーワードは個人の興味によるが、日本語ではなく英語のキーワードで検索し、海外のメディアが発信し

ている記事を選んで読むことを強く勧める。英語のキーワードを使って英語の語感を磨きたいし、日本のメディアとは違う視点で、世界の情報を読みたいからだ。

英語で検索したいキーワードをすぐ思いつかなければ、日本語の記事を読んで出会った海外の固有名詞を英語で検索することから始めるといい。海外の企業名、人名、国際イベント、新しいビジネストレンド、注目の製品やサービス名などを、英語のスペルの見当をつけて検索すると、豊富なオリジナルのニュースが読める。その具体例など、リンクをたどっていると、意外と簡単に数ページの英文が読めている。

また、検索によるリーディングは、難しいテーマに限定する必要はない。応援しているスポーツ選手の最新の活躍や、好きなセレブリティの近況をはじめ、音楽、映画、アート、ファッション、料理、動植物など、想いがこもるテーマのほうが楽しくて続けやすい。趣味をテーマにした個人や団体のサイトで、日本語では読めない濃厚な情報にめぐりあうと、英語でリーディングをするのがさらに面白くなるだろう。

日本語では見かけない英語ならではの情報を得られるサイトは多い。たとえば、個人の視点で仕事を考え、今後のキャリアを模索したければ、アメリカの若いビジネスパーソンのLife and Moneyを紹介する、CNBCのMake Itがあ

CNBC Make It
https://www.cnbc.com/make-it/

る。このサイトは短い動画や記事が豊富で、日本とは違う生活や仕事ぶりが新鮮で興味深い。一方、起業を本格的に考えている人にとっては、カリフォルニアで起業家を支援しているY Combinatorが非常にニッチだが熱い情報源になる。

Y Combinator
https://www.ycombinator.com/library

また、私は料理が好きなので、ヨーロッパ、アジア、中東など世界各地の料理人や料理紀行家のサイトを、憧れながら読む。それぞれの地域性が豊かで画像も美しく、写真集を見るように楽しい。趣味をテーマに検索して英語を読めば、魅力的なサイトがインターネット上にあふれていると思う。

生成AIとの対話による英語リーディング

くわえて、AIの登場によって、突然、英語のリーディングに全く新しい方法が登場し、私は強い魅力を感じている。生成AIとの英語テキストでの対話である。

日本では、生成AIを使った英語学習の紹介では、主に音声による英会話の練習や、英文の校正が注目されていて、私も有効な利用法だと思う。ただ、AIを相手にした英語テキストによる知的な対話は、これまでに存在しなかった革新的な英語の独習法だと考えている。生成AIに対して興味のあるテーマについて質問を繰り返すと、AIの英語の答えを素早く読むだけでなく、自分の考えをさっと英語

1. I am a fashion designer. I want to practice English to talk about fashion. Please suggest interesting ideas to practice with me.

That's fantastic! Practicing English through fashion-related topics can be both fun and enriching. Here are some engaging ideas to help you improve your English while talking about fashion:

2. My English is basic. Can you use simple English?

Of course! I can use simpler language. Let's start with easy activities to practice English related to fashion. Here are some ideas with simpler words:

3. Can you tell me more about your idea practice English fashion show?

Of course! Let's dive deeper into the idea of practicing English through a **fashion show** scenario. It's a fun and useful way to build vocabulary and speaking skills, especially since fashion shows have a lot of interesting language and topics to explore.

4. I want to practice Q&A with 審査員 fashion show. How can I do? Do you have ideas?

Great! Practicing a **Q&A with the judges** at a fashion show (審査員, *shinsain*, in Japanese) is a fantastic way to practice your English. It helps you get comfortable speaking about fashion in a formal, professional context, while also building your vocabulary for discussions with judges, clients, or at interviews.

5. I want to talk about the color of my design. Can you ask me questions?

Of course! Let's talk about the **colors** of your designs. I will ask you questions, and you can practice answering in English. You can talk about the colors you used, why you chose them, and how they fit with your collection.

6. I used the color of the sea. How can I explain in English?

Great choice! If you used **colors of the sea**, you can explain it in a way that highlights the beauty and feeling these colors bring. Here are some ways you can describe it:

7. I wanted to show 春の海. How can I explain in English?

Great! If you want to explain that your design is inspired by **春の海** ("the spring sea" in Japanese), you can describe it in English by focusing on the specific qualities of the sea in spring: its freshness, calmness, and natural beauty.

Here are some ways to express "spring sea" in English:

Ways to Explain "春の海" (Spring Sea) in English:
1. **Basic Description**:
   - "I wanted to show the **spring sea** in my collection. Spring by the sea is calm, refreshing, and full of new life. I chose soft blues and greens to reflect that feeling."
2. **Emphasizing Freshness and Renewal**:
   - "Spring by the sea feels fresh and full of energy. I wanted to capture that feeling in my designs, using colors like light blue and seafoam green to represent the new season."
3. **Describing the Sea in Spring**:

図19 伊丹さん（第1章参照）に役立つChatGPTとの対話例

で書く練習にもなる。

このような英語学習を目的としたAIとの対話は、世界的な視点のある質問こそ面白い。自分の業界の未来のトレンドでもいいし、素朴な趣味にまつわる問いもいい。

たとえば、こんな問いを立てる。
- ChatGPTを使った英語学習法を5つあげてください
- なぜヨーロッパでは野球よりサッカーが人気なのですか
- 世界で人気のあるカレーを5つあげて味と材料を解説してください
- 暗号資産投資のリスクを3つあげて、解説してください
- 自動車産業の将来に予想される、重要な変化を5つあげてください

---

1. 私はファッションデザイナーです。ファッションについて英語で話す練習をしたいので、おもしろいアイディアを提案してください。
2. 私の英語は初級なので、簡単な英語を使って。
3. 「ファッション・ショー」のアイディアについてもっと教えて。
4. ファッション・ショーの審査員とのQ＆Aを練習したい。どうやれるかな？
5. 私のデザインの色について話したいので、質問してみて。
6. 私は海の色を使ったの。どう説明するといいかな？
7. 私は春の海を表現したかったの。どう説明するといいかな？

＊日本語混じりや文法の誤りがあっても、ChatGPTは適切に解釈して返答する

最初に、自分の興味のあるテーマを選び、英語の質問文を作ってAIに問いかける。AIの回答を見て、思いつくままに追加質問をし、質疑応答を繰り返す中で、問いを深めていく。たとえば、ChatGPTを使った英語の学習法を5つ提案してもらい、どれもあまり新鮮味がないと思えば、もっと画期的（unconventional）で革新的（innovative）な方法を5つ提案してくださいなどと再質問する。提案された方法は、やり方や効果を詳しく解説してもらうこともできる。さらに、そのうちのひとつを選んで、実際にやってみようと指示して、その学習法を実際に試してみることもできる。

もちろんAIとの対話は音声でもできる。ただ私は、自分のペースで質問を考えて、じっくり対話できるので、英語のテキストを使うほうが好きである。

生成AIとの対話で質問する

これまでの英語独習では、英語で質疑応答をする「質問力の訓練」はほぼ不可能だった。単に英語で質問文を作文する練習はできたが、その質問に対して英語で答えを受け取る手段は、独習者にはなかった。ところが、生成AIは質問力の訓練を驚くほど手軽に、しかも実践的にした。よく言われる、生成AIとの知的な「壁打ち」を、英語で行う。

AIと英語の質疑応答をしていると、壁打ちとは言いえて妙だと思う。テニスの壁打ちでは、自分の打った球が機械的に返球され、何度でも、自分がやめるまで続けられる。しかし、下手に打てば、とんでもない方向に返ってくるし、上手に打てば心地よいラリーになる。生成AIとの英語の

第5章　テクノロジーを活用する——英語の学び方4

対話も同じで、AIの答えの質は、人間側の問いかけの質によって大きく左右される。これを、コンピュータの世界では「ゴミを入れれば、ゴミが出てくる」、"Garbage In, Garbage Out"とよぶそうだ。

　また、質問のし直しを何回でも行うことができる。細部にこだわる面倒な質問、わずかな修正を繰り返す質問、さらには答えを疑って直接問いただす質問と、どんな質問も納得がいくまで、暴君のように繰り返すことができる。そして、そのすべての質問に対して、生成AIは怒ることなく丁寧に答えてくる。こんな質問の練習は、人間相手には失礼すぎて、とてもできないと思う。生成AIが「仕事が早くて、素直で、遠慮がいらないアシスタントになる」と言われるのも納得できる。

　生成AIと英語で対話するとき、指示を出す英語に過度に神経質になる必要はない。質問の英語文に誤りがあっても、AIは意味を推察して答える。英語で質問を作るのが難しければ、最初の質問は日本語で書いてAIに英訳を指示し、その後英語で対話してもいい。生成AIの文章は「英語として頻繁に使われる表現」で構成されるので、流暢で、よく使われる英語表現がならぶ。自分の質問の英文とくらべて、なるほどこんな英語表現があるんだと学ぶことは多い。また、生成AIの答えは網羅的なので、見落としていた視点を見つけることも多い。ただし、AIの回答は、既述したように不必要に長文になる印象もある。

　質問する前に、自分なりの仮説を考えたほうが断然興味深い対話になる。仮説と違う答えが返ってきたら、その理由を探る質問をする。生成AIは間違った情報も流暢な英

語で回答してくるので、受け取った情報は、気を抜かずに吟味しなくてはいけない。生成AIがまとめた情報を、理解し、評価し、深める質問をし、改善するのは、生成AIをアシスタントとして使う「ボス」である自分の責任だ。AIの回答をそのままコピペして用を終わらせるのは誤りの元であり、それを面倒がる気持ちを警戒したい。AIの回答は、あくまでも出発点に過ぎず、それを批判的に評価する練習にもなる。

本書では、何度も英語で「質問する」練習の重要性に触れてきた。日本の学校では生徒は「質問に答える」練習ばかりをし、自分で質問する機会はほとんど与えられない。特に英語の授業では、文法表現などを覚えるための文型重視の質問が多く、答えるにしても、質問者の意図にあわせた文型を使うことが優先される。真剣に内容を考えて、英語の質疑応答を練習する機会は少ない。

一方、実社会では、質問が対話が進む方向をリードし、議論を深める役を果たすことが多い。単に答えるだけでは、受動的になりがちである。このため、自ら質問を投げかけ、何かを深く探求する力は、英語で効果的に対話する基本的なスキルとなる。私は、英語での真剣な質疑応答の練習の欠如が、日本人が英語で積極的に結果形成に貢献する際の障害のひとつであると長く思っている。大学の授業でも、英語での質疑応答の練習を取り入れようとしているが、時間がかかりなかなかできない。生成AIは、この練習を手軽にした。しかも、今後は生成AIをアシスタントとして使い、的確な情報を引き出し磨くための、「質問力」がさらに重要なスキルになるだろう。生成AIとの質疑応答は、

新鮮で英語学習に新しい可能性を拓(ひら)く。この練習は、知的好奇心を刺激するので、英語で「情報」と遊びながら、質問力も英語のリーディング力も訓練できる。

ゆるく定義して目標達成を目指す

インターネット上のニュースやその他の情報を読むことに加えて、デジタルでも紙でも、あらゆる英文を読むことが英語のリーディングになる。ぜひ興味のおもむくまま、英語の多読を楽しむといいだろう。

さらに、英語でのリーディングを広義に捉えることを提案する。英語の動画や映画の英語字幕もリーディングと考え、英語音声といっしょに積極的に読んで、楽しめばいい。第3章で述べたが、音声に加えて文字で確認するほうが、語彙や表現への注意が高まる。日本語でも長い文章を読まない人が増えたと言われる今、英語の長いテキストを読み続けるのは困難と感じる人も多いだろう。AIとの英語での対話に加え、自動生成の英語字幕も積極的に読むなど、テクノロジーを活用することでリーディングを続けやすくなる。ゆるいリーディングの定義を取り入れながら、本章のはじめ(210ページ)で定めた目標、「毎週4-5本の英語記事を読む」に相当する量の英文を読み続けるほうが、長期的に英語を読む力を着実に伸ばせると考える。

5.2 AIと学んで、文法力を伸ばす

リーディングと同じく、テクノロジーの進化は英文法の学び方にも大きな変化をもたらしている。ここではELF発

想に基づいた、英語文法との付き合い方を考える。

文法は使いながら強化する

英語の文法は、使いながら学ぶべきだと私は考えている。網羅的な復習はあとまわしにし、「必要順の高い項目」を中心に、使いながら訓練するELF発想の実践的な文法のアプローチを提案する。文法こそ「文を作る骨格」「理解のための基本ルール」であるとして重視し、徹底的で網羅的な復習を勧める日本の学校英語の常識とは違うし、異論も多いと思う。そこで、まずはこの学び方が可能になった背景と、その方法を勧める理由を説明しよう。

本書の文法学習法はどんな人に役立つか

なお、本章で紹介する文法学習法は、以下の条件を満たすELFユーザーを対象に考えている。

①実用的に使うための英語力を伸ばしたい
②英語の試験が英語学習の主目的ではない
③英語のごく基本的な文法は理解している
④テクノロジーを使うことに抵抗がない

この学習法は、英語の試験で1点でも高い得点を取ることではなく、短期間で効率的に英語を使えるようになるのが目標である。したがって、目前の学校のテストや、大学入試や英語の試験が主目的である人には勧めない。

③の「英語のごく基本的な文法は理解している」対象となるのは、学校で英文法をひととおり学び、次のような知

識はしっかり理解していて、それを活用しようとする人を指す。ただし、完全にマスターしている必要はなく、間違えることもあるだろう。

- 英語の文には原則として主語が必要
- 英語の文には通常、述語となる動詞が必要
- 英語の動詞には、be動詞（AはBである文）と一般動詞（AがBする文）の区別がある
- 英語の時制には、現在形、過去形、未来を表す表現、進行形などの規則がある

この基礎知識がよく理解できていない場合は、ここで提案する文法学習は難しいだろう。

文法の考え方

学校で文法をひととおり学んだ後に英語学習をしている場合、文法については網羅的に復習するよりも、「必要な項目を使いながら訓練」するのがいいと提案する理由は大きく3つある。

①多くの場合、文法を間違っても意味は通じる
②文法を知識として覚えただけでは使いこなすのは難しい。使いながら実践的に補強していくほうが効果的
③文法こそAIの得意分野で、AIを使うと新しい文法の学習が可能になる

意味は通じる

まず、①「多くの場合、文法を間違っても意味は通じる」について説明する。ELF研究では、ノンネイティブを中心

に多様なバックグラウンドの人々が、英語を使っている現場の会話を録音・分析し、「共通語としての英語」の特徴を明らかにしてきた。その研究をもとに、第1章でELFの特徴をまとめた。視点を文法に絞ってELF研究を読むと、2つの重要な洞察がある。それは、「多くのノンネイティブは、よく文法を間違えて話す」にもかかわらず「文法を間違って話しても、多くの場合意味は伝えられている」という、当たり前なのに英語教育では忘れられがちな常識の再確認である。

これは、ELFユーザーの必要から生まれた特徴だ。ELFユーザーは、限られた時間で勉強や準備をし、外国語である英語で、高度に知的な作業をする。この制約の中で、仕事などのコミュニケーションの目的を達成することを優先させるからだ。

具体例で考えてみよう。仕事で自社の商品を英語で紹介し、海外のバイヤーに買ってもらいたい。文法を「間違わない」ことと、「話のなかみにこだわる」ことの、どちらを優先すべきだろう。瞬時に進む英語の会話で、意識し考えられることは限られていて、ノンネイティブが文法も「なかみ」も完璧にするのは難しい。

「なかみ」にこだわるとは、どうしたら相手が買いたくなるだろうと考えながら、話す内容を工夫し、言い方の順番や最適な表現を考えることだ。強い印象を与え説得力を上げようと話しながら相手の反応を観察し、熱意を込めて話す。

仕事で英語を使うELFユーザーに聞くと、ほぼ全員が、「なかみ」のほうが大事だと言う。文法が完璧であっても

第 5 章　テクノロジーを活用する――英語の学び方 4

話す「なかみ」に魅力がなければ、売り込みはできない。だから、相手の共感を得るために「なかみ」に意識を集中するので、文法まで注意が行き届かず間違えてしまいがちだ。

教室英語とのギャップ
　ELFの現場では、英語を使う際に内容を重視するが、学校の英語教育では原則文法の正確さを優先し、それに基づいて成績を評価する。英語の先生は生徒の英語力を伸ばすのが仕事であり、英語の専門家として文法的正確さを重んじるのは自然である。さらに、英語教師は文法の指導の経験は豊富だが、伝える「なかみ」については専門外である。仕事について理解していないと、仕事のコミュニケーションの内容や伝え方の戦略まではなかなか教えられない。
　同様に、英語試験などのスピーキングテストでも、「間違わない」ことが大切だ。そもそも、スピーキングテストでは、一般的に「なかみ」、つまり議論の深さや独創性は評価の対象としない。与えられたテーマに沿って、内容は一般論でいいから、文法を正確に、流暢に、難しめの表現を交えて話すことが高得点を得る秘訣だ。「なかみ」にこだわって文法を間違うと、英語のスピーキングテストでは減点対象となりかねない。
　こうして、英語教育の環境では、生徒は自然と「正しい英語」に敏感になり、文法の学習を優先課題と捉えがちである。これは、現場のELFで求められるスキルとは逆の発想になり、学校英語とELFとの間に大きなギャップを作っている[4]。

ちょっとした故障は直せばいい

また、「文法を間違って話しても、多くの場合意味は伝えられる」と説明すると、異論が出そうだ。これは、ELFユーザーが英語を使う経験の中で発想を転換し、間違いを恐れるより、間違いを前提として、お互いにすり合わせ間違いを修復することに重点を置くからだ。第1章の特徴4で説明したriceとliceが混在する和食談義がいい例だ。

英語で話していて、英語の文法に合っていないために聞き返されることがある。たとえば、enjoy, love, watchなどは、英語では原則として目的語が必要な他動詞だ。だから、頭に浮かんだ「昨日、すごく楽しかった！」を、そのまますぐに、"Yesterday, I really enjoyed!"と言うと、何を楽しんだかが欠けているので、英語の感覚では省略があるように感じる。そこで、"What did you enjoy?"と聞き返されるかもしれない。そのとき、"I enjoy movie yesterday!"と昨日の出来事を現在形で、しかも冠詞もつけずに言って、その映画がどう面白かったか、英語で話しはじめたとしよう。

学校英語の規範では、動詞の使い方も、時制も、冠詞も英語の文法ルールには合っていないので、中学レベルの基礎文法の復習が必要な英語とみなされるかもしれない。だが、ELF発想では、これは成功したコミュニケーションである。ELFでは、「ちょっとした故障（breakdown）はあったが、対話を通して上手に修復した」と考える[5]。実際、映画が楽しかったと相手は理解し、面白い映画の会話が続いた。intelligibility、つまり理解は成立したのだから、目的は達しているではないか[6]。

問い返されて「あ、文法を間違ってしまった。私の英語はダメだなぁ！」と恥ずかしく感じるより、「間違ったけど修復できたぞ」と考えを転換し自信をもつのがELF発想だ。

したがって、誤解があればすぐに気づき、言い直したり説明したりする力を養うことが、ELF発想では重視される。また、聞き手としても、理解に不安があれば適切に聞き直せる英語力が必要なのだ。ELF発想の英語学習では、お互いに協力して理解を深め、誤解を修復するためのスキルを身につけることを、必須と考える[7]。

文法は覚えるだけでは使えない

次に、②「文法を知識として覚えただけでは使いこなすのは難しい。使いながら実践的に補強していくほうが効果的」について説明しよう。

私は、さまざまな大学で教える中で、日本人学生の英語スピーキングにおける文法の誤りは、特に次の5点が多いと感じる。

(A)時制：例＝過去の出来事の説明に、現在形を使う
(B)前置詞：例＝前置詞の有無や選択を間違える
(C)三人称単数現在のs：例＝動詞に必要なsをつけ忘れる
(D)単数・複数：例＝複数の名詞について話すのに、複数形にしない
(E)冠詞：例＝冠詞が必要なのにつけない

もちろん、英文に主語や述語がないなど、より根本的な

文法の間違いにも遭遇するが、上の5つが圧倒的に多い。(C)、(D)、(E)は、日本語と英語の文法の大きな違いに起因し、日本人は特に忘れやすい。一方、(A)と(B)は、日本語との違いもあるが、他の言語を母語とする人も共通してよく間違う。

「知っている」と「使える」は別

この5つの文法項目は、どれも基礎的な英文法で、その原則は中学時代に習い済みである。間違いを指摘されると「しまった。中学英語の基礎の復習が必要だ」と考えるかもしれないが、これらの間違いは、本当に文法の復習不足が原因だろうか。そうではないと私は考えている。

大学のディスカッション授業で、私はよく「discuss about問題」を話す。文法書によると、discussは他動詞なのでaboutはつかない。よって、discuss **about** this problemは間違いで、正しくは、discuss this problemである。しかし、世界中の多くの人がdiscuss **about**と誤って使う。ただし、この間違いで理解に問題が起こることはない。ELF研究ではノンネイティブに頻出の、「間違っても問題が起こらない間違い」としてよく知られている[8]。私の授業では「世界中の人が間違うけど、気をつけようね」と面白おかしく説明する。「そうだった。受験でやったぞ」という顔も多く、全員が「理解」する。ところがその同じ授業で、学生は繰り返しdiscuss **about**を使う。同じ誤りが繰り返されるのがおかしくて、クラスで笑いが起こるが、それでも、その後の授業でも、言い間違える学生は多い。

また、明らかに複数のモノについて話をしているのに、

単数形で話す。もちろん、英語の名詞の複数形のルールを熟知していてもだ。これはもう、文法を知っているかどうか、英語の知識の問題ではない。その知識を運用する力の問題である。

時制、前置詞、三人称単数現在形のs、冠詞など、話しながら注意すべき文法項目は多い。文法知識があれば、文法的に正しい英語で話せると期待するのは、現実離れしている。知識を活かすには、それを運用する力が必要だ。話の内容を考えながら、同時に文法にも注意を払いつつ英語の文章を構築する、この文法の運用力の訓練は文法の復習とは別物だ。

AIを使う文法の運用力の伸ばし方

では、文法の運用力はどう訓練すればいいのか。実際のところ、英語教育学では文法を効果的に教える方法について諸説があり、確固たる定説はない。文法教授法の研究は、しばしば限られた条件下での文法テストの成績によって効果が測定される。日常的な英語の使用で文法を運用する力を伸ばす効果的な方法は、まだ充分に解明されていない。このため、私はさまざまな文法の教え方を試み、どの方法も一長一短と思ってきたが、AIが文法学習の新しい方法を提供してくれるようになった。それが③「文法こそAIの得意分野で、AIを使うと新しい文法の学習が可能になる」である。

まず、英語の文章を書くときにほとんどの人が使う、スペルと文法のチェック機能が、英語文法の学び方に革命をもたらした。この機能を使うと、間違って書いた文をAI

が見つけ、改善案を指摘する。この改善の提案を読み、文法事項を確認することで、その文法項目を使う力を鍛えられる。近年はこの機能に進化したAIが組み込まれ、劇的に優秀になった。ワープロやメールソフトに標準装備の文法チェック機能でも、単純なミスはもちろん、かなり複雑な文章の構造の間違いも、ほぼ正確に指摘するようになった。また、英語ライティングの推敲に特化したサービス、たとえばGrammarlyなども世界で広く使われている。

Grammarly
https://app.grammarly.com/

ただし、油断は禁物だ。これで「AI任せで文法の間違いのない英語が書ける」「文法の勉強は不要になった」と思うのは、危険だ。

AIの提案が、間違っていたり、文意を変えてしまったりすることもある。また、AIが提案する文法変更を確認せずにボタンひとつで一括して受け入れると、文法力の学びは得られない。もちろん、英語を話すときは、AIに頼れない。だから、AIに依存しきらず、提案された修正をひとつずつ見直し、不明な文法事項は確認する習慣作りが大切になる。この地道な積み重ねが、英語の文法運用力の向上につながる。

自分が書いた英語に散らばる間違いを毎回丁寧に推敲していると、自分がよく使う文法項目の中でも、特に間違いやすい項目を繰り返し確認することになる。これは実践的で効率的な文法の勉強になり、英語のライティングでよく

やる間違いは、英語を話すときにもよく間違うので、スピーキングの文法運用力も伸ばせる。

さらに、生成AIの登場で、一方的に修正の提案をもらうだけでなく、対話をしながら文法の復習ができるようになった。なぜ変更が必要なのか問うだけでなく、文法項目について詳しい説明を求めることもできる。AIと対話しながら、疑問点を明らかにし、自分が納得するまで確認する方法で文法を学ぶと、いよいよ、使いながら必要順で英語の文法力を伸ばす方法が手軽になる。今後も、生成AIを使った新しい文法学習が進化していくだろう。

スピーキングの文法の運用力の伸ばし方

ここまでは主に英語を書く際の文法の学び方を説明したが、スピーキングで文法の間違いを減らす方法も考えよう。

先に挙げた、時制や、三人称単数現在形のs、冠詞など、英語を話すときに頻発する文法の間違いは、意味の伝達には大きな障害にならないことが多いが、気になる人もいるだろう。スピーキングにおける、従来からの文法練習法と、AIを使った訓練法を紹介しよう。

従来からの英語教育では、「正確に話す」と「流暢に話す」のバランスを取りながら練習する方法が広く行われている。英語の教科書のスピーキングでは、speak for accuracy（正確さの練習）と、speak for fluency（流暢さの練習）に焦点を交互に変えながら繰り返す。ただし、本書では話す内容を最優先としているので、まずは内容優先で話す練習をし、その後、正確さと流暢さを交互に訓練することを勧める。

たとえば、第3章で紹介した、ミニプレゼンの型を使っ

て話す練習を例にしよう。はじめに話す内容に焦点をあて、構成を決め、それをしっかり伝えるための英文を考え、何度か口に出して言ってみる。「なかみ」が固まり、文章も定まってくると、話しながらの注意力に余裕が生じる。そこで、今度は文法の正確さに気をつけながら話し、次に流暢さに焦点を移して練習する。自分なりに、正確さと流暢さを交互に目標にし、練習を繰り返す。

　正確さの練習では、「今回は時制に注意する」など予め決めた重点文法に特に注意を払って話すと、進歩が可視化できる。

　一方、流暢さの練習では、文法への注意は最小限にし、止まらずにスムーズに話すことを目指す。つい言ってしまう「あー」「うー」などは意識して減らし、英語らしいリズムや発音も配慮できるとさらにいい。

AIを活用するスピーキング練習法

　ただ、文法の間違いを指摘してくれる先生がいない独習で、スピーキングをしながら自らの文法の間違いに気づくのは難しい。そこで、ライティングと同様に、AIを活用する。

　2024年現在、音声でAIと対話するソフトが広がり、英語スピーキングの文法の間違いも指摘できるAIも登場してきている。スマートフォン向けのAI発音練習サービスなどが、すでにユーザーのスピーキングを録音して文字化し、文法、語彙、発音を細かく訂正・評価する機能を提供している。予め決まったシナリオの読み上げではなく、AIと自由に対話した内容でも、文法や発音の注意点を指

第5章　テクノロジーを活用する――英語の学び方4

摘するので、英語の独習の可能性が加速度的に変わっていることを感じる。今後も同様のサービスがさらに多様化していくだろう。

　私個人としては、AIが音声をテキスト化する文字起こし機能、ディクテーションを利用して、スピーチを練習するのも効果的だと考えている。AIを使って、スピーチを自動的に文字にした後、文法チェックや生成AIで文法の間違いを指摘してもらい、英語スピーチの精密な点検をする。

　ディクテーションを使い自動音声認識で正確に文字化してもらうためには、明瞭に英語を話す必要がある。口をしっかり動かし、はっきりわかりやすく発音をするので、発音の練習にもなる。不正確な認識は、たいてい自分の発音のクセが原因なので、発音の注意点もわかる。文字化されたスピーチを、ワープロ上の校正機能などでチェックすると、時制や三人称単数現在形のsなど、自分では気づきにくい細かい文法の間違いまでも確認できる。つい頻繁に繰り返してしまう不要な言葉の挟み込み（たとえば、like, you know, andなど）など英語の話し方のクセも見つけられる。

　AIの音声認識技術も近年精度が向上し、音声認識の専門ソフトを使わなくても、スマートフォンやワープロソフトに標準装備されている多言語対応の音声認識機能でも文字化がかなり正確にでき、その利用は手軽になっている。ただ、音声認識まで使うのは面倒だと感じる読者も多いかもしれない。私もディクテーションを使ってスピーキング練習をするのは、ごく稀だ。

　それでも、これはきわめて重要だ、という英語スピーキ

ングの機会があったら、この方法を試してほしいと思う。たとえば、仕事や留学のための英語のインタビューを受けるときや、英語のスピーキングテストで高得点を目指すときなどにお勧めする。やってみるとわかるが、手間もかかるが、学びも多い。これらのテクノロジーの登場前には高額な費用が必要だった、スピーキングの個人レッスンに匹敵する効果がある。

文法も個人によって柔軟に

ELFとして英語を使うことは、入口の敷居は低いが、奥も深いと述べた。同様に、ELFにおける文法の敷居も低く、多くのELFユーザーたちが、標準と違う文法でも意味を理解し、お互いに意思疎通できている。一方で、ELFにおける文法の奥も深く、文法的に正確で複雑な英語表現を使いこなすELFユーザーも多い。

文法力は、複雑な考えをニュアンスを込めて、短い文で鮮明に伝えるのに役立つ。たとえば英語の時制は日本語とは違う構造が多く、復習して使いこなすことで時間の感覚に関する微妙なニュアンスを伝えられる。完了形の、I should have done…を使うと、「しまった、やればよかった！」という過去に実現しなかったことへの後悔の思いがはっきり伝わる。

ELF発想では文法より「なかみ」が優先するが、文法が不要というわけではない。個々のELFユーザーとしては、自分のニーズにあわせて文法を考え、文法へのアプローチを柔軟に実践するといい。実際、多くのELFユーザーが、状況や相手にあわせて、文法へのこだわり方を変えている。

たとえば、スピーキングではあまり文法を気にしないが、メールは記録として残るので、スペルチェックの確認を怠らない。社外宛のメールではさらに丁寧に文法を確認するため、時間を置いて再度読み直してから発信する。身近な人に対してはあまり文法を気にしないが、気を使う人や距離感のある人、文法に敏感そうな相手にはより配慮をする。また、読者の中には、文法の正確さが職業的に求められたり、個人的に重視したい場合もあったりするだろう。

言葉は、その人の思考やこだわり、人柄を表現するアイデンティティでもあるため、文法との付き合い方は個人が納得できるように自ら決めるといいだろう。

テクノロジーと英語の未来

本章では、テクノロジーを使って、リーディングと文法を伸ばす方法を考察してきたが、多様な側面で、テクノロジーが英語の学び方や使い方に変革をもたらしていることを感じ取っていただけたと思う。この調子でテクノロジーが進化し続ければ、英語学習が将来不要になるのだろうか、と英語教師仲間でよく話題になるが、結論はいつも出ない。

私は英語との付き合い方が、大きく2つの方向に分かれると考えている。世界に出ていきたい人は、より鋭敏な感覚で自己表現ができるELF発想の英語力が必要になる。AIをアシスタントに使うが、思い通りに英語を操りたいし、その必要があるので、AI任せにはできない。一方で、国内に住み英語をほとんど使わない人は、英語学習から遠ざかり、英語が必要なときはAIの助けを借りることになるだろう。AIで基本的なコミュニケーションはできるか

らだ。

　その中間で、AIが即座にこなせる比較的定型的な英語のコミュニケーションを、個人が時間をかけて学ぶ意味は問い直されるだろう。いつかは、外国語のコミュニケーションにはAIを活用する前提で、英語中心の外国語教育が見直され、中国語、スペイン語など、複数の言語の基礎を学ぶ方向に、学校の言語学習が変わっていく可能性さえある。

　英語について、時間とエネルギーをかけて付き合うか、あるいは距離を置くか。どちらの道を選ぶかは、個人の選択になる。ただし、これから英語を使って世界とコミュニケーションをすると決めたら、テクノロジーを使わない選択は現実的ではないと私は考えている。確実に「世界の英語」のコミュニティはテクノロジーの進化とともに変化していく。このコミュニティに、テクノロジーを使わずに参加しようとすれば、たとえかなりの時間をかけて英語の勉強をしても、その道は険しいだろう。

自立するノンネイティブ英語ユーザー

　また、テクノロジーは、ELFユーザーが自立して英語を使うための、大きな助けになる。

　ノンネイティブが英語で公に意見を発表するとき、事前にネイティブのチェックを受けることは、英語で仕事をする人の常識である[9]。あまり知られていないが、日本の一流の学術研究者であっても、英語論文を発表するときには、ネイティブによる英語チェックをしてもらうのが一般的である。英語に流暢な研究者であっても、多くがそうしている理由は、世界の一流の学術雑誌のほとんどが、文法的に

第5章 テクノロジーを活用する──英語の学び方4

正しいのは当然として、明瞭で、効果的かつ流暢な英語で書かれた論文しか採用しないからだ。ネイティブチェックを投稿の条件に明記している世界的な学術雑誌も多い。

世界のノンネイティブの研究者がネイティブチェックを依頼するための専門サービスがあり、論文1本をネイティブ数人で推敲するのに1－3週間かかり、費用は原稿の長さにもよるが、10万円程度でも驚かない。予算がなければ、知り合いのネイティブの好意に頼らなくてはいけない。ネイティブが推敲した原稿を、再度自分で確認し、最終原稿に仕上げるが、これは非常に不便で、高価で、しかも融通がきかない。たとえば、ネイティブチェックの終了後に突然新しいアイディアが閃いても、独力では正しいと確信をもって英語の文章を変更できないので、締め切り直前に英語論文を大幅に改変するのは難しかった。

ネイティブチェックは、多くの仕事でも当たり前とされ、SNSへの投稿でさえも、ネイティブチェックがないと不安を感じる人は多いだろう。ノンネイティブが英語を使って仕事をするということは、英語を学ぶ勉強時間や、労力や、作業時間、そしてストレスの負担に加え、「自分だけではできない」状況、つまり自立も難しいことだった。これは、第1章の特徴5で説明した、ELFにおける不平等さの典型である。

しかし、そのネイティブチェックにかなり近いレベルの英語文の推敲が、生成AIとの対話を工夫すれば、自力で、無料で、迅速にできるようになってきた。ノンネイティブにとって、ネイティブチェックは呪縛だったが、AIを使うことでかなり解放されるだろう。

また、AI翻訳技術は英文を瞬時に日本語に翻訳するので、私たちは、日本語の速読能力を活用して膨大な英語文献に短時間で目を通せるようになった。研究者の場合、わずか1時間で、英語論文を数編、AIの日本語訳で読んで大意をつかみ、そのテーマの全体像を把握することができる。この方法は正確さに劣る荒っぽい情報収集だ。しかし、今まではたった1本の長文の英語の論文の大筋を理解するだけで1－2時間、精読しようとすればすぐに1日かかった。これからは、AIの自動翻訳の活用と自らの英文精読とを、柔軟かつ効果的に組み合わせることで、大量の英語情報を活用することが当たり前になっていくだろう。ビジネスでも同様で、世界を相手に仕事をするELFユーザーたちは、最新の独自情報を収集するのに英語に頼る。AIの自動翻訳が、ビジネスELFユーザーの、英語情報の収集、整理、応用の方法をも劇的に変えていくだろう。

● ● ●

　AIを使ったテクノロジーを使うことで、私たちノンネイティブはより効果的に、自律的に英語を使うことができるようになり、ネイティブとノンネイティブの差をより縮める選択肢が増えていく。テクノロジーを活用することは、自立した英語ユーザーになる道でもあると、私は感じている。

第6章 その先に
——自分に合った英語を目指す

 これまで、ELF発想で英語を使い、学ぶための英語の勉強法を紹介してきた。最終章では、ELFユーザーたちの今後に向けて、長期的な英語の使い方、学び方を考えたい。

 ELF研究では、英語の使われ方が世界中で変化し続けていることが明らかにされている。また、私が出会った多くのELFユーザーは、できることから英語を使いはじめ、英語を使い続ける中で、英語力を大きく伸ばし、効果的に英語を使えるようになった。これらの研究成果と経験談は、ELFをとりまく環境もELFユーザー自身も、時間とともに大きく変化することを示している。では、ELFユーザーはこれから将来に向けて、どう英語を学び、使っていくといいだろうか。

 具体的に話を進めるため、もう一度、第1章で紹介した6人のELFユーザーにご登場いただこう。この6人が英語を仕事で使いはじめてすぐに直面した課題については、第2章から第5章で、対応策や勉強法を述べてきた。そこで、本章では、彼らの今から未来に向かっての課題を考える。言語学の研究では、ELFユーザーの「私の英語史」を聞く際に、私は意見を言わないし、提案もしない。だから、本章でこれから書く学習法は、雑談をする機会があればこんな話をしたかったという仮定に基づくものである。彼らか

ら聞いた「その後」を簡単に紹介し、今後の課題を検証してこれからの勉強法を考察していこう。この中に、読者のこれからに役立つヒントがあればうれしい。

英語を学び続けたい、伊丹さん

ファッションデザイナーの伊丹さんは、イタリアのミラノの国際コンペに友人の通訳なしで一人で行った。とても不安だったが、2人分の旅費は高すぎた。コンペ会場には世界中からファッション関係者が集まり、華やかで賑やかだった。多くの参加者が上手に英語を話していたが、苦手な人もいたし、司会や審査員の話す英語もけっこうイタリアなまりだな、と思った。

練習を積んだ英語プレゼンでは、作品に込めた思いを伝えられたと思うが、質問にはほとんど答えられなかった。カクテルパーティでは、賑やかな英語の会話の輪には入れなかったけれど、英語が苦手な者同士でゆっくり会話をしてタイとルーマニアのデザイナーと仲良くなった。夜は街に出てパスタやピザなどのイタリア料理を食べながら、下手な英語で話した。街では英語より、スマートフォンに入れていったAI翻訳アプリのイタリア語が役立った。

入賞は逃したがイタリアは楽しく、もっと世界を見たくなった。イタリアのコンペでも英語が必要なのだと実感し、英語がうまくなりたいと思った。ただ、日本の普段の生活に戻れば英語と縁がない。どう英語を勉強しようか。

専門性を活かした英語の勉強

伊丹さんにとって必要順が高いのは「聴いて話す」なの

第6章　その先に──自分に合った英語を目指す

で、まずはこのスキルに集中し、読み書きはあとまわしにしてもいいだろう。

　具体的な目標は、①リスニングのレベルアップ、②わかりやすい発音、そして、③自分の話したいことを効果的に英語で表現する、の3点が挙げられる。リスニング（第2章）、発音（第2章）、スピーキング（第3章）のELF発想の勉強・練習方法はすでに述べた。そこで、この勉強法を実践する際の、伊丹さんならではの応用法を提案しよう。

　リスニングは英語を使うのに最も重要な基礎体力だから、最優先で取り組もう。伊丹さんの専門領域であるファッション関係を中心に、興味がもてる英語の動画をできるだけ毎日視聴し、リスニング力を伸ばす。繰り返しだが、「なかみ」に関心をもつことが肝心で、英語を聴くことを楽しむと、集中力が増し、理解が深くなる。

　ファッションをはじめとした、アートや趣味は、インターネットの動画が豊富で、世界とすぐにつながれる、ワクワクする領域だ。しかもファッションは映像が多くの情報を伝えるので、言葉が多少わからなくても理解しやすい。

　ファッション系の世界的な雑誌、VogueもElleも多くの動画をYouTubeチャンネルで公開していて、世界のファッ

Vogue
https://www.youtube.com/@Vogue

Elle
https://www.youtube.com/@ELLE

245

ショントレンドに触れながらリスニングができ、ファッション英語の出発点にちょうどいい。さらに、ファッションやスタイルはブランドや個人のYouTubeチャンネルが多い。ファッションに関するお勧め動画もいろいろ試して、気に入ったチャンネルを見つけ親近感をもつと、英語でリスニングするのがさらに楽しくなる。ニッチで尖（とが）ったファッション系のYouTubeチャンネルも多そうだ。あわせて、ファッションの専門用語を書き出して単語帳を作り、英語で覚えよう。

映画やドラマもファッションが楽しめるので、リスニング練習に加えたい。気に入ったドラマや映画、アニメなどの名前を、learn Englishというフレーズといっしょに検索すると、英語学習者用に作られた動画クリップが多く見つかる。人気のドラマや映画から数分程度のシーンを紹介して丁寧に解説する、英語練習専用の動画だ。たとえば、Learn English With TV Seriesは映画やドラマの短いシーンに詳しい文法や語彙の解説を付けた動画を提供していて、英語の練習に使い勝手がいい。このほか、アニメや音楽に特化して英語学習をするYouTubeチャンネルも数多くある。

Learn English With TV Series
https://www.youtube.com/@LearnEnglishWithTVSeries

ただ、映画やドラマの英語の聴き取りは、一般的に情報系の動画より難しいので落胆しないように。ドラマでは舞台となった地域のローカルな英語表現が使われ、字幕を見

第6章 その先に──自分に合った英語を目指す

ても馴染みがない単語が多い。オーストラリアの大都会とアメリカの田舎町では、英語そのものがかなり違う。警察・学校・オフィス・家庭と、ドラマのテーマによって独自の英語表現がある。さらに、大声でわめいたり、ささやいたり、会話の起伏もあったりする。だから、聴いてわからなくても当たり前、字幕つきの虫食いリスニングで大筋が理解できたらまずは充分だ。ドラマや映画で、英語字幕をたくさん読むと、伊丹さんがあとまわしにしている英語を読む練習の準備にもなるだろう。

字幕なしでドラマや映画を楽しむことに挑戦したければ、世界配信を前提に特にわかりやすい英語で作られた作品がお勧めだ。たとえば、ジブリ映画の英語版はとても聴きやすいし、実写ではディズニー映画の英語もわかりやすい。

魅力的なリスニングの素材は、無料でいくらでもある。むしろ、英語を勉強する人すべての共通課題だが、毎日英語を聴き続ける動機の維持のほうがずっと難しい。伊丹さんのように、普段は全く英語との接点がないと、特に難しい。

そこで、第1章の作戦1で紹介した、「英語を使ってなりたい自分」を鮮明にイメージする動機付け法を実践しよう。次の国際的なファッション舞台で、英語で作品を語り、質問に答える自分を具体的にイメージして、それを目標に英語を続ける。

さらに、似た興味をもって英語を学ぶ人たちと、時々刺激しあい、なりたい自分のイメージを強化できるともっといい。伊丹さんがイタリアで知り合った海外の若いデザイナーたちは理想的な勉強仲間だ。いっしょに英語で話せば、

イタリアのコンペで英語を使っていた自分のイメージが蘇(よみがえ)るし、お互いの専門知識の交換もできる。月に1回ぐらい、Zoomで英語で話してはどうだろう。そのとき、最近の自分の作品の紹介や、日本の最新ファッショントレンドを英語で話してみよう。第3章で解説した、英語のスピーキング練習の要領で、事前に内容をまとめて練習しておき、思いを込めて話そう。また、質問もしてもらい答える練習もする。これで、次の国際舞台の実践練習ができる。

話す力を伸ばしたい、東さん

東さんは、ボランティアとして英語で東京の案内をしているが、英語にもっと慣れたい。とりわけ、初対面の相手との即興の英語コミュニケーションを楽しく、充実させたい。また、将来は英語を活用して、海外からの訪問客と関わる仕事をしたい希望もある。

オンライン英会話の勧め

東さんは個々の英語のスキルより、英語での会話力を高めたいと考えている。特に、初対面の人と、臨機応変で双方向の英語の対話をして、楽しく豊かな会話をしたい。

そこで、オンライン英会話の利用を勧める。オンライン英会話は、2000年代の後半に初登場して急成長し、今では日本の英語学習の選択肢として大きな存在になり、多くのサービスが特色を競っている。オンライン会議技術を使い、英語が上手な海外の人を相手に英語で話す練習をする。

オンライン英会話は、費用が手ごろで、どこからでも簡単にレッスンが取れる。インストラクターは、英語が達者

で、親切に接してくれる人が多く、25分程度、じっくり1対1で話せる。しかも、謝礼を払って話し相手をしてもらっているから、「相手に迷惑をかけてしまった」とくよくよ悩む必要はなく、安心して下手な英語で話せるし、間違えられるし、わからないことは質問できる。従来は考えられなかった画期的な英語勉強法として、私は高く評価し、大学の授業でも数年間、課題として使っていた。

今後は、前章で述べたような無料の生成AI相手の英会話の練習がさらに手軽になるだろうが、個性と感情をもつ生身の人を相手にしないとできない練習も多い。人と対話しながら気持ちを通いあわせ「話をいっしょに作っていく」感覚や、共通の興味を見つけて盛り上がり親近感を覚えあう楽しさは、人間を相手にしてこそ経験できる。

ただし、オンライン英会話サービスは、世界的な賃金格差を背景に成り立っていて、インストラクターの労働条件も厳しいという過酷な現実がある。私たちは「対等な人」としてインストラクターに感謝と礼節をもちながら、英語で話したい。また、インストラクターは、英語教師ではない。予約した生徒と25分だけ、その場で英語の練習相手になるのが仕事だし、それだけの対価しかもらっていない。生徒側が何の準備もせず気軽に25分会話を楽しむだけで、インストラクターが英語が上達するように教えてくれる、と期待するのは勘違いだろう。

オンライン英会話の応用方法

オンライン英会話を使い、東さんの必要順にあわせて英語力を着実に伸ばすアイディアをいくつか提案しよう。

まず、第3章で紹介した、自分が話したい内容のミニプレゼンを、レッスンでインストラクターに話し、その後質問してもらい答える練習をする。紹介したい日本の名所や文化について、毎回、相手が楽しめるように工夫して英語で話す練習をすれば、訪日客との会話のレパートリーを増やせる。さらに、英語の質疑応答も練習できるので、観光案内ボランティアのすぐに役立つ練習になる。

　あるいは、海外に住むオンライン英会話のインストラクターを潜在的な日本への旅行者と想定し、毎回25分、インタビューするのもいいだろう。「日本にどんなイメージをもっているか」「日本に来る機会があったら何をしてみたいか」。インストラクターがイメージする日本の魅力をじっくり聞き出し、相手に合った目的地を考え提案してみる。オンライン英会話レッスンを毎日取っているとすれば、1か月で最大30人の潜在訪日客との対話ができる。25分という短いレッスン時間ではあるが、質の高い質問を考え、相手の答えをよく聞きながら、対話を深める工夫をしよう。日によって、濃厚な対話ができることもあれば、上滑りでうまくいかないこともあるだろう。この方法は、英語での対話を創り出す実践的な練習になると同時に、東さんが関心をもっている、インバウンドマーケット顧客の潜在的ニーズを見つけ出すきっかけになるかもしれない。

　私もオンライン英会話を利用し、毎日インストラクターに「オンラインレッスンの経験から見つけた日本人に英語を教える秘訣を話して」とインタビューしたことがある。英語の教え方のヒントをたくさん教えてもらったのはもちろん、英語を教える者同士、普段は日本人の英語教師仲間

ともなかなか踏み込めないような深い課題を話せたことも数回あった。たった25分の対話でも、英語という外国語であっても、共通の興味を見つければ、深く心を通わせて話すことができることを実感した。

スピーキングが上達する3段練習法

第3章で触れたように、スピーキングの上達には繰り返しの練習が必要である。実は、オンライン英会話はこの繰り返し練習に非常に適している。

たとえば、日本の文化の紹介を練習するとしよう。毎回新しいテーマを考え準備をするのは難しいから、同じ内容のスピーチを3回ずつ、違うインストラクターを相手に繰り返す。この3回を、自分なりに「予習、本番、復習」と位置づける。レッスン後に毎回時間を取って復習するのは難しいが、レッスン中に簡単なノートを取り、学んだ表現や語彙や質疑応答の内容を書き込んでおくことはできる。そして、次のレッスンでは、前回のノートを見ながら新しい語彙や表現を加えて使い、少し新しいアイディアも足してみる。これで新しい語彙や表現が定着する。

東さんのように、仕事をしながらボランティア活動も行い、さらにオンライン英会話を続けるのは時間的に難しいと思うが、だからこそ、その25分を凝縮した英語学習にする工夫をしたい。

英語を避け気味の、星野さん

シンガポールにマネージャーとして駐在している星野さんは、自分ではまぁまぁ問題なく英語でコミュニケーショ

ンできていると感じている。しかし、シンガポールのスタッフから見ると、星野さんとスタッフの間には、英語と日本語の言葉のカーテンが引かれていて、双方向の情報の流れがかなり滞っている。組織にあって、コミュニケーションとは、ただ対話するだけでなく、その組織の中で情報を行き来させることだ。対話がなければ、情報も止まる。

　シンガポール人のもつ重要な現地情報は星野さんに届いていないし、日本本社の重要情報はシンガポール人に届いていない。情報分断のカーテンを作っている一因が、星野さんの、「英語を避けたい気持ち」に思える。そして、このカーテンを開くことができるのは、星野さん自身で、部下には、なかなか開けられない。しかも、星野さんは自分が言葉のカーテンを作っていることに、おそらく気づいていない。

　ELFユーザーの英語を仕事で使う経験談で、たびたびこうした、見えない言葉のカーテンと情報分断の問題を聞いた。見えない言葉のカーテンを指摘するのは、たいてい、日本人と仕事をしている外国人のELFユーザーだ。しかも、多くの場合、日本人のELFユーザー側は、「完璧ではないが、英語で意思疎通を問題なくできている」と思っているようだ。英語で話すのを避けたい人に対しては、現地のスタッフ側も近づき方がわからず、情報交換をする気持ちも失いがちだ。

オープンマインドになる
　星野さんの必要順の高い英語学習は、リスニングやスピーキングの実践練習だが、並行して重要なのがその背後に

ある英語に対する気持ちを、ELF発想に切り替えることだ。私は、星野さんにオープンマインドな気持ちをもとうと勧める。

オープンマインドとは、自分のやり方に固執せず、相手の提案、未知のことを受け入れる柔軟性を指す。経営学の分野では、国際的な仕事をする人の成功を左右する資質として知られる[1]。

英語に対するオープンマインドな気持ちの大切さを教えてくれたのは、日系企業のヨーロッパ現地法人のマネージャーだ。今まで派遣された歴代の日本人社長たちを振り返り、どんな人が働きやすくて仕事が進んだかを経験をもとに解説してくれた。彼は、英語の上手下手より、英語にオープンマインドかどうかが、仕事の成果に大きく影響すると言う。

日本から来た社長たちは、彼から見れば、どの人もそれほど英語が得意ではなかった。しかし、英語を話すことを嫌がらず話しやすい人は、相談したり提案したりしやすい。そんな人は、2〜3年の駐在期間を終えるころには、英語もすっかりうまくなっている。反対に、英語で話すのを嫌がり避けている日本人とは、こちら側も話しにくく感じ、最小限のことしか話さないようになってしまう、と言った。

オープンマインドの反対、「英語で話すのを避けたい」という感情は、英語教育学でも、中高校生から英語圏の留学生、ビジネスパーソンなど、対象を変えて繰り返し研究されている[2]。要は、世界のノンネイティブの多くが感じる共通課題だが、日本、中国、韓国の英語ユーザーに、その思いが強いようで、研究も、東アジアに多い[3]。

具体的には、こんな感情だ。自分の英語が下手で恥ずかしい気がする。知り合いには自分の英語をあまり聞かれたくない。できるなら英語を使う場は避け、使うなら最小限にとどめ、複雑なことや予測が難しい話題は話さない。
　星野さんのように、部下が自分より英語がうまいのは、とりわけ居心地が悪い。

英語にオープンマインドになる方法
　この問題に対応するには、従来の英語教育では「もっと勉強して、英語力を上げよう」か「もっと練習して、英語に慣れて自信をもとう」だった。しかし、ELFの考え方では「まず、ELF発想に変えよう」だ。
　第1章の特徴5で説明したように、英語を学ぶ環境は不平等で、個人の英語力は、その人の努力や才能にもまして育つ場所や運が大きな影響を与える。また、私たちはマルチリンガルとして複合的な言語力をもち、英語力はその一部にすぎない。複言語の「言葉のレパートリー」を考えれば、星野さんもバイリンガルとして優れた言語力をもっている。英語力が部下より弱いとしても、それは星野さんとそのシンガポール人との努力や才能の差ではなく、個人的な恥でもない。上下と考えるより、言語力の質の違いと考えるほうが妥当だ。
　星野さんには以下の3点を勧めたい。
　まず、英語力の上下に過敏にならない。上下と考えるより、違いと考える。英語力の足りなさを隠そうとせず、オープンに認める。その上で、お互いにすり合わせてコミュニケーションをし、気軽に話せる雰囲気を作ろうとする。

次に、英語力の比較より、共有する目標に向かって、英語でいっしょに何をするか、何ができるかに焦点をあわせる。

最後に、相手の立場や考えを知ろうとする。相手を知れば話題も見つかり、話題があれば英語で話しやすい。星野さんの場合、たとえばシンガポール人の生活に興味をもつ。

海外で働くときは、現地の人の気持ちを知り現地の人に近づくのが重要と、多くのELFユーザーが語ってくれた。あるマネージャーは、海外に行ったら、数語でいいから現地の言葉を覚えて使い、仲間に入りたい気持ちを表現するそうだ。別の人は、日本人だけで日本語で話す時間を少し減らして現地の人と出かけて、少しでも個人的な話をしてみると、現地の人の気持ちがわかってくるとも言っていた。

英語を話し続けると疲れるし、個人の性格もあるので、オープンマインドに気持ちを切り替えるのは簡単ではないとは思う。ただ、英語を避けたい気持ちに従ってしまうと、周りの人は、この人は英語で話したくないのだなとわかり、相手も避ける。まずはできるだけオープンマインドになって、言葉のカーテンを開けようと、考えはじめてほしい。

より深く英語で話したい、大仏さん

日本の企業で思いがけず上司がフランス人になった大仏さんは、全般的に英語力不足を感じている。

フランスから来た上司との最初のミーティングを乗り切った大仏さんは、日常的に英語で上司と話しているが、うまく意思の疎通ができている感じがしない。上司のフランス語のアクセントのある英語にある程度は慣れたが、聴き

取れないことが多く、自分が話してもよく聞き返される。英語で要領よく話せないので、結果として、思ったことの半分ぐらいしか言えなかったという気持ちが毎回残る。日々、英語力不足を痛感し、仕事への自信も揺らぐ。

雑談ができないのも気になる。朝、顔をあわせて簡単に挨拶したら、沈黙が嫌でそそくさと離れてしまう。雑談の話題をどうしたら見つけられるかわからない。英語の勉強をしなければと思いつつ、忙殺され、英語の勉強になかなか時間が割けない。できるだけ短期に、苦痛は少なく、リスニングとスピーキングを伸ばす方法はないだろうか。

仕事に直結するリスニング力の伸ばし方

大仏さんの当面の必要順は、ビジネスに直結したリスニングとスピーキングの経験を増やすことだ。すでにリスニングやスピーキング力の伸ばし方は、第2章と第3章で述べた。ここでは、一般的な英語力ではなく、ビジネスに直結する英語力をどう伸ばすかを考える。

リスニングは、ビジネス系の短い動画中心の「多聴」「精聴」を勧める。具体的には10分未満のビジネス関係の動画を、毎日1－2本視聴する。さらに、そのうち特に面白いと思ったものを、週に2本ぐらい精聴として繰り返し聴き、表現や語彙にも注意を払うと英語力を伸ばす効果が高い。これは、普段日本語で当たり前にやっているビジネス・経済関係の情報収集の一部を、英語に置き換えてリスニング訓練にするのである。英語のビジネス動画の視聴を続ければ、グローバル視点のビジネス情報にも敏感になれる。

ビジネス系の動画は連日数多く公開されるが、最初に手ごろなのは、ビジネス系の著名な新聞・テレビ、雑誌のYouTubeチャンネルだろう。代表的な下記の5社の動画は、最新で幅広いビジネスや経済のテーマを扱い、独自性のある視点と興味深い分析で、ビジネスに焦点をあてたリスニング訓練に手ごろだ。しかもこれらの媒体の文字のニュース記事はほとんどが有料なのだが、動画の多くは無料で視聴できる。

The Wall Street Journal
https://www.youtube.com/@wsj

アメリカのビジネス・経済日刊紙の動画。アメリカのビジネストレンドの紹介・分析に強い。たとえば、注目すべきアメリカ企業を6－8分程度に要約して分析する、The Economics Ofシリーズは企業戦略の勉強になる。

CNBC
https://www.youtube.com/@CNBC

アメリカのテレビ局NBCが設立したニュース専門放送局で、ビジネス系のテーマを深掘りした動画を多く公開している。アメリカ視点の最新ビジネストレンドの背景、重要なリーダーの紹介や企業の分析に強い。

Financial Times
https://www.youtube.com/@FinancialTimes

　イギリスのビジネス日刊紙の動画。日々のビジネスニュースの背後にある、世界の多様な潮流やその変化に焦点をあわせて分析する動画が役立つ。アメリカ系より、視点が世界に向いている。

 The Economist
https://www.youtube.com/@theeconomist

　イギリスの経済・ビジネス週刊誌の動画。ヨーロッパから、アジア・アフリカへと、広い視野をもち、世界の変化の分析に強い。未来に向け長期的ビジネストレンドを分析する動画、たとえば、キャッシュレスの将来のテーマなども興味深い。

 Bloomberg Television
https://www.youtube.com/@markets

　アメリカのファイナンス系のニュースやマーケット情報に特化したテレビ局の動画配信。アメリカの投資家向けの情報を、詳細に解説する動画が多い。金融・投資に興味のある人に最適。

第6章　その先に──自分に合った英語を目指す

　自分の仕事に関連がある、あるいは興味があるテーマを検索すると、多くの動画が出てくるので、この5つのチャンネルの短めの動画の視聴から始めるといい。検索をするとすぐにわかるが、ビジネス系の独立YouTubeチャンネルも数多く、それぞれが独自の視点で動画を制作している。起業、環境、イノベーション、ビジネス書の解説、ビジネスや経済の最新の理論やフレームワークの紹介、ビジネスと絡めた経済史など、個人の興味にあわせて、YouTubeチャンネルの選択肢は広がるだろう。

　ビジネス場面でのスピーキングの準備と練習は、第3章を参照していただきたいが、雑談も考えよう。上司との英語を介した信頼関係は、基本的には仕事の積み重ねを通して築く。しかし、第4章のミーティングの説明や、星野さんへの提案でも触れたが、この雑談、Small Talkが、仕事上の人間関係に大切な役割を果たすことは、ビジネスコミュニケーション研究では繰り返し報告されている[4]。しかも、慣れない外国語で雑談をするのは、母語よりはるかに難しい。生活環境が違うので、共有できる話題が見つけにくいのが主因だ。大仏さんの場合も、仕事を離れると、上司とは天気ぐらいしか話題を思いつけない。しかし、何かのきっかけで、共通の趣味や好みを見つけると、突然英語の会話が弾み、距離感が縮まったりする。

　相手の国に興味をもつと手っ取り早く共通の話題が見つかるので、時折、その国の英語ニュースの動画を視聴することを勧める。日本の放送局に日本のニュースを英語で伝えるチャンネルがあるように、多くの国の放送局がローカ

ル視点の英語ニュースのチャンネルをもつ。フランスの場合は、France 24 Englishの質が高くアクセスしやすい。同じニュースを扱っていても日本のニュースと視点が違うし、討論番組は、テーマの選択や議論の進め方が興味深く、フランス語の影響の強い英語に慣れる練習にもなる。

France 24 English
https://www.youtube.com/@France24_en

仕事の英語を学びたい、米田さん

外資系で働く20代の米田さんは、普段の仕事では英語を10—20％ぐらいしか使わず、日本語を使う時間が圧倒的に長い。けれども、アメリカ企業で働き、昇進には本社とのネットワークも必要なので、仕事で使える英語力の重要性を感じている。将来的に、たとえ転職しても、外資系や日系企業の海外関連の部署を目指したいので、長期的に英語力を着実に伸ばしたい。今は週に一度、ビジネス向けオンライン英会話のレッスンを受けている。

米田さんは、自分の仕事に直結した英語力を伸ばしたいので、「英語を学ぶ」より、「英語を使って自分の業務に直結した何かを学ぶ」ことが効果的だろう。

英語で仕事を学ぶ——Courseraの勧め

この目的には、世界の大学や企業が提供するオンラインコース、Courseraが使い勝手がいい。Courseraは大学で学ぶ機会がない人々や学び直したい人々に、大学の学部や

大学院と同じレベルの授業を基本的に無料で提供するプラットフォームだ。

> **Coursera**
> https://www.coursera.org/

　仕事に直結した英語力を伸ばしたければ、実践的なビジネスコミュニケーションのコースで英語の使い方を鍛えてもいいし、仕事に関連する専門スキル、たとえば、ビッグデータ分析を英語で学ぶこともできる。

　Courseraでbusiness communicationを検索すると2000件近くあり、ワシントン大学、ミシガン大学、ペンシルベニア大学など、著名な大学のコースがならぶ。内容もビジネスコミュニケーションだけでなく、プレゼン、交渉術、レポートの書き方、デジタルマーケティングコミュニケーションなど、広範な選択肢が揃っている。たとえば、ワシントン大学のビジネスコミュニケーション関連の５つのコースのパッケージは、ビジネス英語の考えと実践を、基礎から系統立てて学ぶのにいいだろう。「人間関係の作り方」「会議の参加方法」「交渉術」「プレゼンテーション」「これらの知識を応用する練習Capstone Project」と揃って、無料で学べる。

> **Business English Communication Skills Specialization**　ワシントン大学
> https://www.coursera.org/specializations/business-english/

ワシントン大学は、世界のトップ大学リストの常連で、コースの内容はバランス良く選ばれている。重要な項目を丁寧に教え、練習課題は実践的で、受講者の評価も高い。英語のレベルは中級ぐらいだ。すべてを受講するのは負担が大きすぎれば、興味にあわせて、部分的に選んで学ぶことも可能だ。一方、すべてを受講すれば、ビジネス英語を基本から網羅的に学べ、留学に匹敵する内容となるだろう。

　ビジネスコミュニケーション系の専門的なコースも秀逸で、さらに高いレベルの英語力も磨ける。たとえば、交渉術、negotiationの下記の2つのコースは専門性が高くて実践的で、私も授業でよく使う。

Successful Negotiation: Essential Strategies and Skills
ミシガン大学 George Siedel 教授
https://www.coursera.org/learn/negotiation-skills

Introduction to Negotiation: A Strategic Playbook for Becoming a Principled and Persuasive Negotiator

イェール大学 Barry Nalebuff 教授
https://www.coursera.org/learn/negotiation?action=enroll

　ミシガン大学とイェール大学は世界のトップビジネススクールとしても知られているし、どちらも看板教授が教える人気コースである。彼らには著作もあるので、並行して読むと、いっそう理解が深まるかもしれない。

第6章 その先に——自分に合った英語を目指す

Courseraのコースの選び方

Courseraはグローバル展開に積極的で、日本から検索すると、コース内容の紹介がすべて自動的に日本語に翻訳されるようだ。登録したらメニューで英語モードに切り替え、英語を使ってコースを探し、学ぶことを勧める。

コースは、数が多いだけに玉石混淆(ぎょくせきこんこう)だが、世界的に著名な教授が教えたり、先端的な内容だったり、教え方に工夫があったりと、丁寧に選べば面白いコースに出会える。コースはすべてオンライン授業で、講義の動画を視聴し、資料を読み、小テストを受け、課題をこなす数週間のカリキュラムが多い。英語を使って履修すると、大学レベルの英語と同時に、グローバルスタンダードのスキルを学べる。オンラインなので、自分のペースで繰り返し学べる点で、留学より英語のハードルは低いので、気軽に履修できる。ただし、独習でコースを最後まで続けるには強い意思が必要だ。

登録は無料で、好きなだけコースを受講できる。一方、大学の修了証書であるCertificateを取得できる有料のオプションもある。こちらは、最低合格点が設定されていて、課題の提出も必須である。また、世界各地の履修生との、協働課題やレポートの相互評価、ディスカッションもある。証書取得には、それなりの努力が必要だが、上司や人事に「意欲」「英語力」「仕事のスキル」を具体的にアピールできるだろう。

より広範な仕事のスキルを学ぶコースはさらに豊富に揃っている。デジタル系スキルは特に充実していて、

GoogleやIBMなどの企業も授業を提供している。海外の若手ビジネスパーソンがプログラミングなどの最新スキルをCourseraで学んだ話をよく聞く。もちろん、歴史、心理学、経済学、科学、写真、芸術など、あらゆる学部のコースがある。

なお、Courseraのほかにも無料で学べる世界的なプラットフォームがあり、MOOC（Massive Online Open Course）で探すことができる。

MOOC（Massive Open Online Courses）
https://www.mooc.org/

また、英語で学べる有料のオンラインのプラットフォームとしては、LinkedIn LearningやUdemyを試してもいいだろう。

LinkedIn Learning
https://www.linkedin.com/learning

Udemy
https://www.udemy.com/

英語で仕事をする、質と効率をあげたい、池端さん

一方、やはり外資系で働く池端さんは、スウェーデンでの新マネージャー研修も無事に終え、日本のマーケティングのトップとして、日々スウェーデン本社と、メールやリ

第 6 章 その先に――自分に合った英語を目指す

モート会議を使って仕事を進めている。スウェーデン本社の研修で会った上司や同僚は、スウェーデン人を中心に、北欧、東欧、そしてアジア出身者も多く、さまざまなアクセントの英語が当たり前で、多様性があって働きやすいと感じた。ただ、仕事のペースは速く、積極的で率直な意見交換が求められる。英語で仕事をする現場で、世界中の優秀な人々と協力して働くのは楽しく刺激的だが、競争も厳しい。

池端さんの主な業務は、日本の顧客と交渉し、日本側スタッフと調整し、その進展をスウェーデンの本社のマーケティングチームに報告し、協議する。日本語と英語のコミュニケーションを頻繁に行き来する。スウェーデンから送られる英語の資料は多く、すべてに目を通すと非常に時間がかかる。さらに、日本からの定期的な報告や提案のため、Ａ４判１枚程度の英語レポートを頻繁に書くのも、負担となっている。

日本マーケットへの新規参入という仕事は非常に面白いが、仕事で使う英語力に課題を感じてもいる。ひととおりの意思疎通はできるし、お互いに完璧な英語が必要なわけでもない。ただ、自分の英語での作業スピードが遅い。英語での読み書きが遅いし、英語でのオンライン会議で説明する準備にも時間がかかる。また、英語で伝える力も弱い。英語のレポートのわかりやすさ、日本の複雑な事情を英語で説明する際の表現力やアイディアを売り込む説得力に不満を感じる。英語のコミュニケーションの質をもっとあげたい。

池端さんがこれから必要なのは、英語で仕事をするとき

の「スピードと質」を高めることだろう。これは、ひととおり英語を使えるようになった人が直面する「次の壁」であり、多くのELFユーザーが私に指摘した課題である。

英語コミュニケーションのスピードと質

たとえば、内容がすでに決まっている仕事のレポートをA4判で2ページ程度書く際、日本語なら早ければ1－2時間でほぼ完成するし、とても1日はかからないだろう。しかし、同じレポートを英語で書こうとすると、慣れなければ1日かけても終わらない。やっと書き上げても、英語の文の正確さや読みやすさが不安で、ネイティブの助けを借りてチェックや修正をしてもらう。この「ネイティブチェック」に、日本の企業や個人が、多くの時間と費用をかけてきたことは第5章で説明した通りだ。

同様に、英語で仕事をするときの「伝える力」にも多くの日本人ELFユーザーがフラストレーションを感じる。情報の概要を正確に表現するだけでなく、自分が感じる懸念をニュアンスをもって伝えたり、聞き手に共感してもらったり、説得したり妥協を引き出したり、あるいはいっしょに働く意欲を盛り上げるなど、仕事に不可欠な微妙なコミュニケーションが、日本語より感覚的にわかりにくいし、試行錯誤しても思い通りにならないことが多い。

「英語で仕事をすると、仕事力が落ちる」と話してくれたELFユーザーは多い。国際的なプロジェクトに英語の書類で応札するELFユーザーは、「英語でする仕事の時間的なパフォーマンスは日本語の4分の1にも及ばない。これがそのまま仕事の生産性に反映され比較されたら、英語ネイ

ティブとの競争では太刀打ちできない」と言っていた。

　これまで、英語での仕事の「スピードと質」の課題に対処する方法は限られていた。翻訳サービスの外注など補助策は取れても、基本的には「より長い時間をかける」か、「もっと英語を勉強する」か、どちらかしかなかった。実際、「仕事力が落ちる」と言った方は、連日遅くまで残業をして乗り切ったそうだ。一方、日本語と同じスピードと質で仕事ができるまで英語力を伸ばしたという話は、ほぼ聞かない。

　ところが、AIの普及によって、この対策の選択肢が大きく変わりつつある。AI翻訳、AI文書校正、AI音声入力などが、すでにノンネイティブのELFユーザーに広がり、英語の使い方と生産性を大きく変えている。生成AIの新技術によって、今後より効果的なサービスが登場し、私たちの英語の使い方を大きく変えていくだろう。

　池端さんも、これから仕事で生成AIを有能なアシスタントとして使いながら、生成AIの利用法を試行錯誤し、英語で仕事をする生産性をあげていくだろう。そのとき、AIを使って英語のコミュニケーションの質を高めつつ、AIに依存しすぎず、自身の英語力も鈍らせずに維持し、できれば伸ばしていきたい。そのために生成AIとどう付き合えばいいか、池端さんも、私も含め、多くのELFユーザーが模索していくこれからの課題である。

「自分の英語」のオーナーになる

　世界の英語教育研究をリードしてきた研究者の一人、ウィドウソンは、英語教育の目的を「知識の蓄積」から「コ

ミュニケーションツール」としての利用へと変えること、英語教育の視点を「ネイティブ中心」から「世界のユーザー」へと移すことを提唱してきた。彼は、「英語はすでに英語ネイティブの所有物ではなくなった。英語は変化を受容すべきだ」と述べている(5)。

英語を「母語としての英語」と「共通語としての英語」と分けて考えることで、役割の違いが明確になる。これまで無条件に受け入れられてきた、英語の所有者としてのネイティブの権利と優位性(6)は、「共通語としての英語」では再考される。

「共通語としての英語」は、英語圏のネイティブを真似て使うものではなく、世界中の人、ひとりひとりが、国境を超える問題と取り組むために使う共有ツールになる。これは、世界の個々のELFユーザーが自分の課題に取り組むために、使いやすくて役立つように、英語を学び使うことだ。それぞれの生き方や目的にあわせて、英語をどう学ぶか決めていい時代になってきたということでもある。個々のELFユーザーが「自分の英語のオーナーになれ」という意味だと、私は捉えている。

● ● ●

英語を使うことは、自転車に乗るのに近いとよく思う。

英語の教室の外に出て、多様な母語や文化をもつ人と英語を使いはじめる初期は、とても不安だ。安心して乗っていた補助輪つき自転車から、補助輪を外す感じに似ている。自分でバランスを取って自転車をこぎはじめると、不安定で転ぶこともある。痛い目にあって、やめたくなることも

第6章 その先に──自分に合った英語を目指す

ある。ただ、この不安な時期なしに、自転車に乗れるようにはならない。

　ふらふらしながらも、自転車で進めるようになったら、その後は、何を目的にして、どこに行くかは、個人次第だ。自転車で便利に近所を移動する人もいる。子どもを乗せて通園したりと家族の交通手段にする人。田舎道をゆっくり自転車で走り、自然を楽しむ人。厳しいトレーニングを積んで、自転車競技に参加する人。どれもいい。使い方に上下関係はなく、みなが平等な自転車のユーザーである。それぞれに違う自転車の使い方・楽しみ方があり、そのために必要なスキルも違う。しかも、長い人生の中で、ライフスタイルにあわせ、個人の自転車の使い方はどんどん変わる。

　ただ、一度自転車に乗りはじめると、周りは、自転車に乗る人であふれている。

　英語も、人それぞれに、学びたい理由や使いたい目的がある。自分のやりたいことや、時々のライフスタイルにあわせ、自分なりの、「使うための英語」を身につければいい。

　そして、自分がやりたいことを目指し、英語を道具として使い、世界の人と話し合いながら、国境の枠を超えた仕事や課題に取り組めるといいと願っている。

あとがき

本書で提案したELF発想の勉強法は、従来の英語勉強本とは違う並べ方を取っている。読者の英語への興味と各章との相関性は、下の表6のようになるだろう。英語の学習を計画する際、優先順位を決める参考にしていただきたい。

表6　本書活用のガイド

目標	第2章 音	第3章 自分	第4章 相手	第5章 テクノロジー
できるだけ早く英語を話せるようになりたい	◎	◎	○	○
仕事で英語を使いたい	◎	◎	◎	◎
英語で世界の情報収集ができるようになりたい	◎			◎
独学で英語学習を楽しみたい	◎	◎		◎

本書は、多くの方との出会いと彼らからの学びの中で生まれた。先輩・同僚の研究者、研究に協力してくださったELFユーザーたち、そして大学で私の授業を受け、フィードバックをくれた学生たちに心から感謝したい。さらに、言語学を含む幅広い学問領域の研究者たちの業績に、多くを学ばせていただいた。本書に記述された知見の多くは、他の研究者の方々の研究成果からの学びをもとに自分で応

あとがき

用して得られたものである。本書の限られたページ数の中で、直接引用した研究に限った参考文献しか挙げられていないことを心苦しく思いつつ、あらためて多くの先達に深謝する。英語の表現については、John Rockelman氏に丁寧にアドバイスしていただいた。また、ELFという新しいアイディアに興味をもち支援してくださった編集部の酒井孝博氏には心から感謝申し上げたい。ただし、本書の理解、解釈、説明に関しては、すべて私に責任がある。

　本書は、JSPS科研費 19K13281の助成を受けた研究の一部です。
　本書の情報は2024年執筆時のもので、変更される可能性があります。

　　2024年11月9日

　　　　　　　　　　　　　　　　　　　　瀧野みゆき

注

はじめに
(1) W3Techs, 2024

序章
(1) Crystal, 2019
(2) Ortega, 2014
(3) Ruecker & Ives, 2015
(4) Burke, 2004
(5) Jenkins, 2012; Seidlhofer, 2001
(6) Jenkins et al., 2011
(7) Kachru, 1992. p.356
(8) Cook, 2016
(9) Ortega, 2014
(10) Blommaert, 2010
(11) Blommaert, 2010. p.23
(12) Blommaert, 2010. p.103：筆者が一部改訂
(13) Seidlhofer, 2003
(14) Sharifian, 2009

第1章
(1) Kankaanranta & Planken, 2010
(2) Cogo, 2012
(3) Jenkins, 2015
(4) Jenkins et al., 2011
(5) Tsuda, 2008
(6) Park, 2009
(7) Crystal, 2003
(8) Piller, 2016
(9) Spera, 2005
(10) Bourdieu, 1991
(11) Dörnyei & Ushioda, 2009
(12) Darvin & Norton, 2015
(13) Widdowson, 1983
(14) A.Y. Kolb & D.A. Kolb, 2009; D.A. Kolb, 1984
(15) Takino, 2019
(16) Cummins, 1979
(17) Chuang et al., 2012
(18) Chang & Hong, 2012
(19) Osland & Bird, 2000
(20) Cultural Atlas：オーストラリアの教育者・研究者の作成した、「文化」を考えるサイトより著者意訳：(https://culturalatlas.sbs.com.au/japanese-culture)
(21) Holliday, 2011
(22) Baker, 2015

第2章
(1) Jenkins, 2005

(2) Nation & Newton, 2008; University of California, Irvine, n.d.; 静哲人, 2019
(3) Thompson, 2001
(4) Newton & Nation, 2020
(5) Durbahn et al., 2020

第3章

(1) Schmitt, 2007
(2) Gilner, 2016
(3) Laufer & Paribakht, 1998
(4) Schmitt, 2007; N. Schmitt & D. Schmitt, 2020

第4章

(1) Deslauriers et al., 2019

第5章

(1) van Dis et al., 2023
(2) Noy & Zhang, 2023
(3) Nation, 2008. p.50
(4) Seidlhofer, 2000
(5) Mauranen, 2006
(6) Seidlhofer, 2011
(7) Vettorel, 2019
(8) Seidlhofer, 2017
(9) Amano et al., 2023

第6章

(1) van Der Zee & van Oudenhoven, 2000
(2) Hashemi, 2011; Woodrow, 2006
(3) Choi et al., 2019; Liu, 2007
(4) Cui, 2015; Pullin, 2010
(5) Widdowson, 1994
(6) Ortega, 2014

参考文献

Amano, T., Ramírez-Castañeda, V., Berdejo-Espinola, V., Borokini, I., Chowdhury, S., Golivets, M., González-Trujillo, J. D., Montaño-Centellas, F., Paudel, K., White, R. L., & Verissimo, D. (2023). The Manifold Costs of Being a Non-Native English Speaker in Science. *Plos Biology*, *21*(7), e3002184.

Baker, W. (2015). *Culture and Identity Through English as a Lingua Franca: Rethinking Concepts and Goals in Intercultural Communication*. De Gruyter Mouton.

Blommaert, J. (2010). *The Sociolinguistics of Globalization*. Cambridge University Press.

Bourdieu, P. (1991). *Language and Symbolic Power* (G. Raymond & M. Adamson, Trans.; J. B. Thompson, Ed.). Polity Press.

Burke, P. (2004). *Languages and Communities in Early Modern Europe*. Cambridge University Press.

Chang, H., & Hong, S. (2012). Do Koreans Have an "English Brain"?: A Case Study in the Commercialization of Neuroscience. *East Asian Science, Technology and Society: An International Journal*, *6*(3), 303–319.

Choi, N., No, B., Jung, S., & Lee, S. E. (2019). What Affects Middle School Students' English Anxiety in the EFL Context?: Evidence From South Korea. *Education Sciences*, *9*(1), 39.

Chuang, H., Joshi, R. M., & Dixon, L. Q. (2012). Cross-Language Transfer of Reading Ability: Evidence From Taiwanese Ninth-Grade Adolescents. *Journal of Literacy Research*, *44*(1), 97–119.

Cogo, A. (2012). ELF and Super-Diversity: A Case Study of ELF Multilingual Practices From a Business Context. *Journal of English as a Lingua Franca*, *1*(2), 287–313.

Cook, V. (2016). Premises of Multi-Competence. In V. Cook & L. Wei (Eds.), *The Cambridge Handbook of Linguistic Multi-Competence* (pp. 1–25). Cambridge University Press.

Crystal, D. (2003). *English as a Global Language* (2nd ed.). Cambridge University Press.

Crystal, D. (2019). *The Cambridge Encyclopedia of the English Language* (3rd ed.). Cambridge University Press.

Cui, X. (2015). Small Talk: A Missing Skill in the Chinese Communicative Repertoire. *Australian Review of Applied Linguistics*, *38*(1), 3-23.

Cummins, J. (1979). Linguistic Interdependence and the Educational Development of Bilingual Children. *Review of Educational Research*, *49*(2), 222-251.

Darvin, R., & Norton, B. (2015). Identity and a Model of Investment in Applied Linguistics. *Annual Review of Applied Linguistics*, *35*, 36-56.

Deslauriers, L., McCarty, L. S., Miller, K., Callaghan, K., & Kestin, G. (2019). Measuring Actual Learning Versus Feeling of Learning in Response to Being Actively Engaged in the Classroom. *Proceedings of the National Academy of Sciences of the United States of America*, *116*(39), 19251-19257.

Dörnyei, Z., & Ushioda, E. (2009). *Motivation, Language Identity and the L2 Self*. Multilingual Matters.

Durbahn, M., Rodgers, M., & Peters, E. (2020). The Relationship Between Vocabulary and Viewing Comprehension. *System*, *88*, 102166.

Gilner, L. (2016). Identification of a Dominant Vocabulary in ELF Interactions. *Journal of English as a Lingua Franca*, *5*(1), 27-51.

Hashemi, M. (2011). Language Stress and Anxiety Among the English Language Learners. *Procedia—Social and Behavioral Sciences*, *30*, 1811-1816.

Holliday, A. (2011). *Intercultural Communication and Ideology*. SAGE Publications.

Jenkins, J. (2005). Implementing an International Approach to English Pronunciation: The Role of Teacher Attitudes and Identity. *TESOL Quarterly*, *39*(3), 535-543.

Jenkins, J. (2012). English as a Lingua Franca From the Classroom to the Classroom. *ELT Journal*, *66*(4), 486-494.

Jenkins, J. (2015). Repositioning English and Multilingualism in English as a Lingua Franca. *Englishes in Practice*, *2*(3), 49-85.

Jenkins, J., Cogo, A., & Dewey, M. (2011). Review of Developments in

Research into English as a Lingua Franca. *Language Teaching, 44*(3), 281–315.

Kachru, B. B. (1992). Teaching World Englishes. In B. B. Kachru (Ed.), *The Other Tongue: English Across Cultures* (2nd ed, pp. 355–365). University of Illinois Press.

Kankaanranta, A., & Planken, B. (2010). BELF Competence as Business Knowledge of Internationally Operating Business Professionals. *Journal of Business Communication, 47*(4), 380–407.

Kolb, A. Y., & Kolb, D. A. (2009). Experiential Learning Theory: A Dynamic, Holistic Approach to Management Learning, Education and Development. In S. J. Armstrong & C. V. Fukami (Eds.), *Handbook of Management Learning, Education and Development* (pp. 42–68). Sage.

Kolb, D. A. (1984). *Experiential Learning: Experience as the Source of Learning and Development*. Prentice Hall.

Laufer, B., & Paribakht, T. S. (1998). The Relationship Between Passive and Active Vocabularies: Effects of Language Learning Context. *Language Learning, 48*(3), 365–391.

Liu, M. (2007). Anxiety in Oral English Classrooms: A Case Study in China. *Indonesian Journal of English Language Teaching, 3*(1), 119–137.

Mauranen, A. (2006). Signaling and Preventing Misunderstanding in English as Lingua Franca Communication. *International Journal of the Sociology of Language, 2006*(177), 123–150.

Nation, I. S. P. (2008). *Teaching ESL/EFL Reading and Writing*. Routledge.

Nation, I. S. P., & Newton, J. (2008). *Teaching ESL/EFL Listening and Speaking*. Routledge.

Newton, J. M., & Nation. I. S. P. (2020). *Teaching ESL/EFL Listening and Speaking* (2nd ed.). Routledge.

Noy, S., & Zhang, W. (2023). Experimental Evidence on the Productivity Effects of Generative Artificial Intelligence. *Science, 381*(6654), 187–192.

Ortega, L. (2014). Ways Forward for a Bi / Multilingual Turn in SLA. In S. May (Ed.), *The Multilingual Turn: Implications for SLA, TESOL, and Bilingual Education* (pp. 32–53). Taylor & Francis.

Osland, J. S., & Bird, A. (2000). Beyond Sophisticated Stereotyping: Cultural Sensemaking in Context. *Academy of Management Executive*,

14(1), 65–79.

Park, J. S.-Y. (2009). *The Local Construction of a Global Language: Ideologies of English in South Korea*. De Gruyter Mouton.

Piller, I. (2016). *Linguistic Diversity and Social Justice: An Introduction to Applied Sociolinguistics*. Oxford University Press.

Pullin, P. (2010). Small Talk, Rapport, and International Communicative Competence: Lessons to Learn From BELF. *Journal of Business Communication*, 47(4), 455–476.

Ruecker, T., & Ives, L. (2015). White Native English Speakers Needed: The Rhetorical Construction of Privilege in Online Teacher Recruitment Spaces. *TESOL Quarterly*, 49(4), 733–756.

Schmitt, N. (2007). Current Perspectives on Vocabulary Teaching and Learning. In J. Cummins & C. Davison (Eds.), *International Handbook of English Language Teaching* (pp. 827–842). Springer.

Schmitt, N., & Schmitt, D. (2020). *Vocabulary in Language Teaching* (2nd ed.). Cambridge University Press.

Seidlhofer, B. (2000). Mind the Gap: English as a Mother Tongue vs. English as a Lingua Franca. *Vienna English Working Papers*, 9(1), 51–68.

Seidlhofer, B. (2001). Closing a Conceptual Gap: The Case for a Description of English as a Lingua Franca. *International Journal of Applied Linguistics*, 11(2), 133–158.

Seidlhofer, B. (2003). *A Concept of International English and Related Issues: From 'Real English' to 'Realistic English'?*. Council of Europe.

Seidlhofer, B. (2011). *Understanding English as a Lingua Franca*. Oxford University Press.

Seidlhofer, B. (2017). Standard English and the Dynamics of ELF Variation. In J. Jenkins, W. Baker, & M. Dewey (Eds.), *The Routledge Handbook of English as a Lingua Franca* (pp. 85–100). Routledge.

Sharifian, F. (2009). English as an International Language: An Overview. In F. Sharifian (Ed.). *English as an International Language: Perspectives and Pedagogical Issues* (pp. 1–18). Multilingual Matters.

Spera, C. (2005). A Review of the Relationship Among Parenting Practices, Parenting Styles, and Adolescent School Achievement. *Educational Psychology Review*, 17(2), 125–146.

Takino, M. (2019). Becoming BELF Users: The Learning Process of Business Users of English and its Conceptualization. *Journal of English as a Lingua Franca*, *8*(2), 235–267.

Thompson, I. (2001). Japanese Speakers. In M. Swan & B. Smith (Eds.), *Learner English: A Teacher's Guide to Interference and Other Problems* (pp. 296–309). Cambridge University Press.

Tsuda, Y. (2008). English Hegemony and English Divide. *China Media Research*, *4*(1), 47–55.

University of California, Irvine. (n.d.). *The Music of American English Pronunciation*. Coursera. University of California, Irvine. https://www.coursera.org/learn/american-english-pronunciation-music/home/week/1

van Der Zee, K. I., & van Oudenhoven, J. P. (2000). The Multicultural Personality Questionnaire: A Multidimensional Instrument of Multicultural Effectiveness. *European Journal of Personality*, *14*(4), 291–309.

van Dis, E. A. M., Bollen, J., van Rooij, R., Zuidema, W., & Bockting, C. L. (2023). ChatGPT: Five Priorities for Research. *Nature*, *614*, 224–226.

Vettorel, P. (2019). Communication Strategies and Co-Construction of Meaning in ELF: Drawing on "Multilingual Resource Pools." *Journal of English as a Lingua Franca*, *8*(2), 179–210.

W3Techs. (2024). Usage Statistics of Content Languages for Websites. (2024, September 18). *Technologies Overview*. https://w3techs.com/technologies/overview/content_language

Widdowson, H. G. (1983). Competence and Capacity in Language Learning. In M. A. Clarke & J. Handscombe (Eds.), *On TESOL '82 Pacific Perspectives on Language Learning and Teaching* (pp. 97–106). Teachers of English to Speakers of Other Languages.

Widdowson, H. G. (1994). The Ownership of English. *TESOL Quarterly*, *28*(2), 377–389.

Woodrow, L. (2006). Anxiety and Speaking English as a Second Language. *RELC Journal*, *37*(3), 308–328.

靜哲人．(2019)『日本語ネイティブが苦手な英語の音とリズムの作り方がいちばんよくわかる発音の教科書』テイエス企画．

瀧野みゆき（たきの・みゆき）

東京生まれ，慶應義塾大学文学部卒．2016年，英国・サウサンプトン大学応用言語学博士．アップルコンピュータなどで仕事で英語を使う経験を重ねた後，イギリスに16年在住，その間イギリスの英語教授法等を学ぶ．現在は東京大学教養学部，慶應義塾大学ビジネス・スクールなどで，社会や仕事で「使うための英語」を教える．
MBA Marketing/MA International Studies（米国・ペンシルベニア大学），PhD Applied Linguistics（英国・サウサンプトン大学）．社会言語学者として，「共通語としての英語＝ELF」を専門とする．

論文 Bridging the Language Barrier in International Business: BELF and Multilingual Practices, *English as a Lingua Franca in Japan*, 2020.
Becoming BELF Users: The Learning Process of Business Users of English and its Conceptualization, *Journal of English as a Lingua Franca*, 2019.
Power in International Business Communication and Linguistic Competence: Analyzing the Experiences of Nonnative Business People Who Use English as a Business Lingua Franca (BELF), *International Journal of Business Communication*, 2020. ほか．

使うための英語
── ELF（世界の共通語）として学ぶ
中公新書 2836

2024年12月25日発行

著 者　瀧野みゆき
発行者　安部順一

本文印刷　三晃印刷
カバー印刷　大熊整美堂
製　本　小泉製本

発行所　中央公論新社
〒100-8152
東京都千代田区大手町 1-7-1
電話　販売 03-5299-1730
　　　編集 03-5299-1830
URL https://www.chuko.co.jp/

定価はカバーに表示してあります．
落丁本・乱丁本はお手数ですが小社販売部宛にお送りください．送料小社負担にてお取り替えいたします．

本書の無断複製（コピー）は著作権法上での例外を除き禁じられています．また，代行業者等に依頼してスキャンやデジタル化することは，たとえ個人や家庭内の利用を目的とする場合でも著作権法違反です．

©2024 Miyuki TAKINO
Published by CHUOKORON-SHINSHA, INC.
Printed in Japan　ISBN978-4-12-102836-5 C1282

中公新書刊行のことば

一九六二年十一月

　いまからちょうど五世紀まえ、グーテンベルクが近代印刷術を発明したとき、書物の大量生産は潜在的可能性を獲得し、いまからちょうど一世紀まえ、世界のおもな文明国で義務教育制度が採用されたとき、書物の大量需要の潜在性が形成された。この二つの潜在性がはげしく現実化したのが現代である。
　いまや、書物によって視野を拡大し、変りゆく世界に豊かに対応しようとする強い要求を私たちは抑えることができない。この要求にこたえる義務を、今日の書物は背負っている。だが、その義務は、たんに専門的知識の通俗化をはかることによって果たされるものでもなく、通俗的好奇心にうったえて、いたずらに発行部数の巨大さを誇ることによって果たされるものでもない。現代を真摯に生きようとする読者に、真に知るに価いする知識だけを選びだして提供すること、これが中公新書の最大の目標である。
　私たちは、知識として錯覚しているものによってしばしば動かされ、裏切られる。私たちは、作為によってあたえられた知識のうえに生きることがあまりに多く、ゆるぎない事実を通して思索することがあまりにすくない。中公新書が、その一貫した特色として自らに課すものは、この事実のみの持つ無条件の説得力を発揮させることである。現代にあらたな意味を投げかけるべく待機している過去の歴史的事実もまた、中公新書によって数多く発掘されるであろう。
　中公新書は、現代を自らの眼で見つめようとする、逞しい知的な読者の活力となることを欲している。

言語・文学・エッセイ

番号	タイトル	著者
2756	言語の本質	今井むつみ・秋田喜美
433	日本語の個性(改版)	外山滋比古
1701	日本の方言地図	徳川宗賢編
533	日本語の発音はどう変わってきたか	釘貫 亨
2493	日本語を翻訳するということ	牧野成一
2740	漢字百話	白川 静
500	漢字再入門	阿辻哲次
2213	部首のはなし	阿辻哲次
1755	漢字の字形	落合淳思
2534	謎の漢字	笹原宏之
2430	外国語学ぶための言語学の考え方	黒田龍之助
2363	広東語の世界	飯田真紀
2808	サンスクリット入門	赤松明彦
2812	ラテン語の世界	小林 標
1833	英語の歴史	寺澤 盾
1971		
2407	英単語の世界	寺澤 盾
1533	英語達人列伝	斎藤兆史
2738	英語達人列伝II	斎藤兆史
1701	英語達人塾	斎藤兆史
2628	英文法再入門	澤井康佑
2684	中学英語「再」入門	澤井康佑
2637	英語の読み方	北村一真
2797	英語の読み方 リスニング篇	北村一真
2775	英語の発音と綴り	大名 力
352	日本の名作	小田切 進
2556	日本近代文学入門	堀 啓子
2609	現代日本を読む—ノンフィクションの名作・問題作	武田 徹
563	幼い子の文学	瀬田貞二
2156	源氏物語の結婚	工藤重矩
2585	徒然草	川平敏文
1798	ギリシア神話	西村賀子
2382	シェイクスピア	河合祥一郎
275	マザー・グースの唄	平野敬一
2716	カラー版 絵画で読む『失われた時を求めて』	吉川一義
2404	ラテンアメリカ文学入門	寺尾隆吉
1790	小説読解入門	廣野由美子
2641	批評理論入門	廣野由美子
2836	使うための英語—ELF(世界の共通語)として学ぶ	瀧野みゆき

心理・精神医学

481	無意識の構造(改版)	河合隼雄
557	対象喪失	小此木啓吾
2061	認知症	池田学
2521	老いと記憶	増本康平
515	少年期の心	山中康裕
1324	サブリミナル・マインド	下條信輔
2460	脳の意識 機械の意識	渡辺正峰
2833	脳の本質	乾敏郎
2603	性格とは何か	小塩真司
2202	言語の社会心理学	岡本真一郎
666	犯罪心理学入門	福島章
565	死刑囚の記録	加賀乙彦
1169	色彩心理学入門	大山正
318	知的好奇心	波多野誼余夫・稲垣佳世子
599	無気力の心理学(改版)	波多野誼余夫・稲垣佳世子
2680	モチベーションの心理学	鹿毛雅治
2692	後悔を活かす心理学	上市秀雄
907	人はいかに学ぶか	稲垣佳世子・波多野誼余夫
2238	人はなぜ集団になると怠けるのか	釘原直樹
1345	考えることの科学	市川伸一
757	問題解決の心理学	安西祐一郎
2386	悪意の心理学	岡本真一郎
2772	恐怖の正体	春日武彦

経済・経営

2000	戦後世界経済史	猪木武徳
2185	経済学に何ができるか	猪木武徳
2659	経済学の学び方	猪木武徳
1936	アダム・スミス	堂目卓生
2679	資本主義の方程式	小野善康
2831	イノベーションの科学	清水洋
2307	ベーシック・インカム	原田泰
2815	消費者と日本経済の歴史	満薗勇
2786	日本の経済政策	小林慶一郎
2388	人口と日本経済	吉川洋
2825	就職氷河期世代	近藤絢子
2802	日本の財政――破綻回避への5つの提言	佐藤主光
2338	財務省と政治	清水真人
2541	平成金融史	西野智彦
2784	財政・金融政策の転換点	飯田泰之
2041	行動経済学	依田高典
2501	現代経済学	瀧澤弘和
1658	戦略的思考の技術	梶井厚志
1824	経済学的思考のセンス	大竹文雄
2045	競争と公平感	大竹文雄
2447	競争社会の歩き方	大竹文雄
2724	行動経済学の処方箋	大竹文雄
2575	移民の経済学	友原章典
2473	人口減少時代の都市	諸富徹
2751	入門 環境経済学〈新版〉	日引聡／有村俊秀
2743	入門 開発経済学	山形辰史
2571	アジア経済とは何か	後藤健太
2506	中国経済講義	梶谷懐
2770	インド――グローバル・サウスの超大国	近藤正規
2420	フィリピン――急成長する若き「大国」	井出穣治
290	ルワンダ中央銀行総裁日記〈増補版〉	服部正也
2612	デジタル化する新興国	伊藤亜聖

g1

社会・生活

番号	タイトル	著者
2484	社会学	加藤秀俊
1242	社会学講義	富永健一
1910	人口学への招待	河野稠果
2282	地方消滅	増田寛也編著
2333	地方消滅 創生戦略篇	冨山和彦/増田寛也編著 人口戦略会議編著
2830	地方消滅2	
2715	縛られる日本人	メアリー・C・ブリントン 池村千秋訳
2794	流出する日本人 ──海外移住の光と影	大石奈々
2580	移民と日本社会	永吉希久子
2454	人口減少と社会保障	山崎史郎
2446	人口減少時代の土地問題	吉原祥子
2607	アジアの国民感情	園田茂人
1479	安心社会から信頼社会へ	山岸俊男
2322	仕事と家族	筒井淳也
2826	里親と特別養子縁組	林浩康
2768	ジェンダー格差 ──実証分析が示す全貌	牧野百恵
2737	不倫	五十嵐彰/迫田さやか
2431	定年後	楠木新
2486	定年準備	楠木新
2577	定年後のお金	楠木新
2704	転身力	楠木新
2632	男が介護する	津止正敏
2488	ヤングケアラー ──介護を担う子ども・若者の現実	澁谷智子
2809	NPOとは何か	宮垣元
2138	ソーシャル・キャピタル入門	稲葉陽二
2184	コミュニティデザインの時代	山崎亮
1537	不平等社会日本	佐藤俊樹
2489	リサイクルと世界経済	小島道一
2604	SDGs(持続可能な開発目標)	蟹江憲史

教育・家庭

番号	タイトル	著者
2747	戦後教育史	小国喜弘
2477	日本の公教育	中澤 渉
2218	特別支援教育	柘植雅義
2635	文部科学省	青木栄一
2004/2005	大学の誕生(上下)	天野郁夫
2424	帝国大学——近代日本のエリート育成装置	天野郁夫
2832	大学改革——自律するドイツ、つまずく日本	竹中 亨
2821	在野と独学の近代	志村真幸
1249	大衆教育社会のゆくえ	苅谷剛彦
2006	教育と平等	苅谷剛彦
1704	教養主義の没落	竹内 洋
1984	日本の子どもと自尊心	佐藤淑子
416	ミュンヘンの小学生	子安美知子
2066	いじめとは何か	森田洋司
2549	海外で研究者になる	増田直紀

知的戦略・情報

410	取材学	加藤秀俊
136	発想法(改版)	川喜田二郎
210	続・発想法	川喜田二郎
1159	「超」整理法	野口悠紀雄
1662	「超」文章法	野口悠紀雄
2056	日本語作文術	野内良三
624	理科系の作文技術	木下是雄
1216	理科系のための英文作法	杉原厚吉
2480	理科系の読書術	鎌田浩毅
2109	知的文章とプレゼンテーション	黒木登志夫
807	コミュニケーション技術	篠田義明
1636	オーラル・ヒストリー	御厨貴
2263	うわさとは何か	松田美佐
2706	マスメディアとは何か	稲増一憲
2749	帝国図書館―近代日本の「知」の物語	長尾宗典